韓流經營 ライン
한류경영
LINE

NewsPicks 취재반_지음
서은정_옮김

AK

제4장 LINE에 흐르는 라이브도어의 유전자

제5장 상장을 둘러싼 도쿄증권거래소의 본심

에필로그 LINE은 왜 일본에서 태어나지 못했나?

프롤로그

mail friend contents SNS mail friendcontents SNS
giftshop timeline wifi giftshop timeline
succes follow photo succes

·····●전체회의에서 마이크를 잡은 남자

2016년 4월 21일, 도쿄 시부야渋谷에 있는 오피스 타워 히카리에ヒカリエ 9층에는 LINE의 사원들이 속속 모여들고 있었다. 이제부터 시작될 LINE의 미래상 등 원대한 전략을 공유하기 위한 전체회의에 참석하고자, 사장인 이데자와 다케시出澤剛를 위시한 경영 간부부터 갓 입사한 사원들까지 홀에 얼굴을 내밀었다.

회의가 시작되자 마이크를 잡은 사람은 홀쭉한 몸집의 한국인 남성이었다.

"먼저 LINE이 일본 시장에서 성공시킨 모델을 글로벌하게
전개하기 위하여 각 나라의 문화에 맞춰서 로컬라이징할
계획입니다."

이 한국인 남성이 반복해서 언급한 키워드는 '스마트 포털'이었다. 컴퓨터로 인터넷을 이용하는 것이 전성기였던 2000년대 전반부터, 일본에서 각종 서비스의 현관이 된 것은 Yahoo Japan 등의 포털 사이트였다.
인터넷 검색부터 매일의 뉴스, 옥션을 통한 상품의 매매 같은 서비스의 유통경로까지 독점한 포털 사이트는 막대한 수익을 얻었다.

LINE은 스마트폰 시대에 최적화된 새로운 포털 사이트로 군림하겠다는 뜻이다.

일본에 산다면 LINE이라는 메신저 애플리케이션의 존재가 얼마나 큰지 아무도 부정할 수 없을 것이다. 2011년 6월에 탄생한 이 애플리케이션은 일본 국내에서만 해도 월간 이용자가 이미 인구의 절반을 넘는 6,800만 명에 달한다. 여고생, 회사원, 육아로 바쁜 주부들은 물론, 동네 시장에서 가게를 경영하고 있는 고령의 부부까지, 텍스트 메시지나 귀여운 스티커를 통한 커뮤니케이션은 남녀노소를 불문하고 널리 사랑받고 있는 것이다.

해외로 눈을 돌리면 전 세계에서 2억 1,860만 명의 월간 이용자를 보유하고 있으며, 특히 아시아 4개국(일본, 대만, 태국, 인도네시아)에서는 모바일 메신저로서 높은 시장점유율을 자랑하고 있다. 주 수입원이었던 모바일 게임의 과금에 더하여 스티커를 사용한 기업 광고, 음악이나 만화 같은 콘텐츠의 판매, 그리고 모바일 결제를 중심으로한 콜택시나 음식 배달에 이르기까지 다각도로 사업을 확대하고 있다.

"페이스북조차 늘 LINE의 서비스에 대해 연구하고 있습니다."

30분이 지나 스피치가 후반으로 접어들자, 남성의 목소리는 점점 더 열기를 띠어갔다. 그 말투에서는 세계 최대의 소셜 네트워크 서비스Social Network Services, SNS인 미국의 페이스북에게 규모로는 뒤떨어질지 몰라도, 신규 서비스 개발로는 LINE이 결코 뒤지지 않는다는 강력한 자부심이 엿보였다.

물론 메신저 앱은 지금까지의 전자메일을 대신하는 존재로서 경이적인 스피드로 진화하고 있다. 최근에는 인공지능을 이용하여 이용자가 던지는 메시지에 자동적으로 응답하는 '봇(bot)' 서비스가 크게 주목받고 있다. 이런 서비스를 가장 먼저 도입해온 LINE은 첨단기술의 성지인 실리콘밸리에서도 유명하고, 개발 속도로 따지자면 선두그룹에 속해 있다고 해도 과언이 아니다.

그러면 급성장을 이루어온 LINE의 사원들 앞에서 유창한 일본어를 구사하면서 장대한 비전을 발표하는 이 인물은 도대체 누구일까?

신중호—. 그렇다, 마치 학자 같은 풍모의 이 한국인 남성이야말로 약 5년 전에 LINE의 탄생을 성공시킨 개발책임자다.

대외적인 직함은 LINE의 해외전략을 담당하는 글로벌사업총괄 CGO로, 이사 중 한 명에 불과하다. 과거 수도 없이 신문에 보도되었던 LINE이었지만, 신기하게도 일본 언론의 지면상에 신중호의 이름은 등장하지 않는다.

또한 LINE이 최신 서비스를 발표하는 대형 이벤트인 'LINE 컨퍼런스'에서조차 지금까지 단상에 오른 일이 없었다. 그래서 같은 일본 IT 업계에서 일하고 있어도 신중호의 이름을 아는 사람은 그리 많지 않았다.

하지만 LINE 사내에서는 신중호야말로 'LINE의 아버지'나 다름없는 존재이며, 공식무대에 등장한 적이 없는 '또 한 명의 경영자'라는 사실을 의심하는 사람이 없다. 그렇기 때문에 LINE의 미래를 제시하는 것도 그 방향타를 잡고 있는 것도 신중호이다. 홀을 메운 수백 명의 사원들을 향해서 비전을 밝히는 신중호의 모습은, 매일같이 LINE의 서비스를 개발하는 사원들 앞에서 지휘봉을 휘두르는 오케스트라의 지휘자처럼 보였다.

> "신중호 씨가 무슨 말을 하고 어떻게 판단했는가가 LINE
> 의 최종 결정이 됩니다. 그래서 다들 신경을 바짝 세우고
> 있습니다."(LINE 전직 간부사원)

스피치가 끝나자 사장인 이데자와, 전략분야를 담당하는 최고전략마케팅책임자CMSO인 마스다 준舛田 淳이 가담하여 신중호와 셋이서 대담을 나누는 형식으로 전환되었다. 그리고 사원들이 사전에 제출한 질문에 대해 각자가 소탈한 분위기로 답변을 해주었다. 2016년 안에 주식 상장을 한다는 계획 하에, 사원들의 사기를 북돋아주기 위해서 경영진이 스톡옵션을 부여하는 방안도 검토하고 있다고 그 자리에서 발표했다.

LINE은 2016년 7월에 계획대로 도쿄증권거래소에 상장함으로서 (2016년 7월 15일, 도쿄증권거래소 1부에 상장됨–편집자 주)일본 경제의 공식 무대에 올라가려고 하고 있다. 게다가 경영에 있어 가장 큰 열쇠를 쥔 신중호의 존재를 철저하게 덮어둔 채로 말이다.

이 얼마나 기묘한 이야기인가. 신중호 같은 경영자만이 아니다. LINE에는 많은 이들에게 알려져 있는 '공식적인 스토리'와 아직 세상에는 알려지지 않은 '또 하나의 스토리'가 빛과 그림자처럼 공존하고 있는 것이 아닐까?

예전부터 LINE이라는 기업에 대해서 미스테리어스한 점을 느끼고 있었던 NewsPicks 편집부의 취재반에 있어, 이 1막은 그런 의문을 확신으로 바꿔주는 순간이었다.

·····● '공식 역사'에 기록되지 않은 스토리

2011년 6월에 탄생한 메신저 앱 LINE은, 그때까지 글로벌 서비스를 탄생시키지 못했던 일본의 인터넷 산업이 세계를 향해서 내놓을 수 있었던 '메이드 인 재팬'의 성공 모델이었다. 지금도 LINE을 사용하고 있는 이용자를 포함한 수많은 일본인들은 자연스럽게 그렇게 받아들이고 있다.

LINE의 경영진들 역시 그런 '스토리'를 약 5년에 걸쳐서 계속 발표해왔다. 다시 말해서 LINE이란 일본인에 의해, 일본에 본사를 둔 기업이 만든, 일본인의 마음을 사로잡은 서비스라고.

"이미 알고 계시는 분도 많겠지만 LINE은 5년 전에 발생한 동일본대지진을 계기로 탄생한 서비스입니다. 여러분 중 대부분이 같은 경험을 하셨으리라 생각합니다. 지진이 발생하면 가족이나 친구, 소중한 사람과 연락을 취할 길이 없는 상황을 직접 목격하셨을 겁니다. 그래서 가까운 사람들과의 연결되어 있는 것이 얼마나 중요한지 깊이 깨달은 우리는 서둘러 커뮤니케이션 앱을 개발하는데 착수했습니다. 그리고 3개월 후인 2011년 6월 23일에 커뮤니케이션 앱 LINE을 발매했습니다."

2016년 3월, LINE의 신규 서비스 등을 선보이는 이벤트「LINE 컨퍼런스 2016」의 서두에서 이데자와 사장은 다시금 탄생 비화를 강조했다. 무대 위의 스크린에는 동일본대지진이 발생한 날짜가 크게 떠오르고, 막심한 피해를 입은 일본에서 전 세계를 향해서 LINE의 서비스가 확산되어 가는 모습이 컴퓨터 그래픽으로 표현되어 있었다.

지진으로 소중한 인연을 잃은 일본인들을, 새로운 디지털 기술과 서비스로 하나하나 다시 연결시켜주는 무수한 실. 그것이 메신저 앱 LINE이라는 것은 무척 드라마틱하고 듣는 이의 마음에 커다란 인상을 남겼다.

실제로 LINE을 사용해본 이용자라면 누구나 앱을 다운로드하면 간편하게 메시지를 주고받을 수 있어서 편리하다고 느꼈을 것이다. 더욱이 이 서비스의 결정적인 특징은 희로애락을 표현하는 귀여운 캐릭터로 꾸며진 스티커를 통한 커뮤니케이션이다.

다혈질이지만 사실은 정이 많아 보이는 토끼 코니. 무표정하고 쿨한 곰 브라운. 감정의 기복이 큰 문. 그런 캐릭터들을 모델로 삼은 스티커는 이용자의 기분을 전해주는 감정의 '전달자'로서, 현재는 인기 애니메이션의 캐릭터 못지않은 지명도와 인기를 자랑하고 있다. 일본인이 사랑하는 만화나 애니메이션과 일맥상통하는 스티커로 커뮤니케이션을 하는 것은 거대한 트렌드가 되었고, 그 기능이 인기의 결정타가 되었다고 해도 과언이 아니다.

그렇기에 한국 네이버가 LINE의 모회사라는 사실에 대해서는 언급된 적이 그다지 없었다. 1999년에 설립된 네이버는 인터넷상의 검색 서비스가 핵심인 인터넷 기업으로, 한국의 IT산업을 대표하는 기업이다. LINE은 일본에 본사를 둔 100% 자회사로, 이른바 한국 자본의 외국계 기업이다.

그렇기 때문에 신문을 중심으로 한 일본의 미디어들은 거의 일괄적으로 LINE을 일본발 메신저 앱이라고 에둘러 설명하느라 바빴다. 오히려 일본 국내 시장에 안주한 나머지 '갈라파고스화Galapagos Syndrome(세계시장의 추세와 동떨어진 채 자신들만의 표준을 좇다가 고립을 자초했다는 뜻으로, 1990년대 이후 일본 제조업 특히 IT산업이 자국 시장에만 안주한 결과 경쟁력이 약화되어 세계시장에서 고립된 현상을 설명하며 등장한 용어.–역자 주)'된 일본의 IT 기업이 본받아야할 모범적인 존재라면서 LINE의 성장을 응원했다.

"LINE은 일본에서 기획되어 일본인의 손으로 개발되었다. 현재는 개발 멤버가 80명 이상으로 늘어났고 다양한 국적의 사람들이 참여하고 있다고 한다. 그래도 일본인 비율은 '70~80퍼센트'. 세계 각지에서도 일본제로 인식하고 있기 때문에, 지금도 세계 각국의 미디어가 취재차 도쿄 시부야에 있는 NHN JAPAN(현재의 LINE)의 본사를 방문한다. 역시 전 세계에서 1억 명(그 중 일본 국내는 4,100만 명)이 넘는 이용자를 모았다는 위업을 일본이 자랑스럽게 여길 만 하다고 생각한다." [2013년 1월 23일, 일본경제신문 전자판]

다시 말해서 한국 네이버의 자회사이긴 하지만, LINE은 일본의 회사가 만들어낸 오리지널 앱이라는 것이다. 따라서 그것은 일본의 성공이기도 하다고 결론을 내리고 있다.

⋯⋯●세 가지 의문과 그 해답

하지만 LINE이 전 세계적으로 이용자 수 2억 1,860만 명을 넘는 거대 서비스로 성장함에 따라 이런 '스토리'만으로는 도저히 이해할 수 없는 공백 부분도 넓어져갔다.

이러한 위화감을 최초로 느낀 것은 2014년의 여름부터 여러 차례 반복된 LINE의 주식 상장IPO, Initial Public Offering에 관한 관측 보도 때문이었다. 때마침 주식 시장에서는 페이스북이나 트위터 같은 억 단위의 이용자를 보유하고 있는 기업이 조 단위의 시가 총액을 달고 각광을 받고 있던 시기다.

만약 보도대로 일본발 LINE이 일본과 미국의 주식 시장에서 동시 상장하는데 성공한다면 기업 가치가 도대체 얼마까지 오를까? 사전 평판에서는 시가 총액이 1조 엔을 넘으리라는 의견도 많고, 상장으로 조달된 자금 덕분에 세계적인 서비스로 더욱 발전할 것이라는 기대감이 무척 높았다. 실제로 LINE이 상장을 선택지의 하나로 여기고 있다는 사실을 모회사인 한국 네이버도 부정하지 않았다.

그러나 2014년이 훌쩍 지나가고 2015년마저 끝나가려는 시점이 되어서도. LINE과 관련된 모든 상장 관측 보도는 어긋나기만 했다. 한 치도 방심할 틈이 없이 치열한 글로벌 경쟁과 승자와 패자가 순식간에 뒤바뀌는 IT 산업의 한가운데에 있는 LINE이라지만, 2년 이상이나 답보 상태가 이어지는 사태는 일반적이지 않다. 하지만 아무리 살펴보아도 그 이유를 정확하게 설명해준 보도는 없었다. 일본 국내 경제의 취재 네트워크에서는 선두주자인 일본경제신문도 예외가 아니었다.

또한 과거 경영진과 인터뷰를 할 기회가 여러 차례 있었지만, 아무리 질문을 해도 이 회사의 핵심과 가까워졌다는 감각은 좀처럼 느낄 수가 없었다. 노크해야할 문은 어딘가 다른 곳에 있는 것이 아닐까? '기자의 감'에 불과할지도 모르지만 이런 의문이 마음속에서 서서히 커져가고 있었다.

도대체 이 LINE이라는 기업은 누가 장래의 비전을 그리고, 어떤 과정을 거쳐서 의사를 결정하고 있을까? 그리고 실제로 서비스를 개발하고 있는 것은 어떤 조직일까?

그런 의문이 마음속 깊은 곳에서 부글부글 끓어오르고 있었다. 어쩌면 독립적으로 경영되고 있다는 LINE이라는 회사의 명운을 쥐고 열쇠가, 여기 일본이 아니라 바다 건너 한국에 있는 것은 아닐까? NewsPicks 편집부의 취재반이 LINE을 테마로 취재를 시작하여 이 책을 집필하기에 이르기까지의 출발점은 이것 하나에 응축된다.

특히 우리가 취재를 진행함에 따라 눈에 들어온 광경을 세 가지의 큰 의문에 대한 해답을 얻어가는 형식으로 엮어보려고 한다.

의문 ① 진짜 경영자는 누구인가?
의문 ② 진짜 본사는 어디인가?
의문 ③ LINE은 어떻게 개발되었나?

이 세 가지 의문을 따라서 올라가다 보면 LINE의 원류이자 한국 최대의 IT 기업인 네이버라는 회사에 도달하게 된다. LINE이라는 서비스를 일본발 메시지 앱이 아닌, 한국의 IT 기업이 고심 끝에 내놓은 제품이라는 시점에서 바라보면 전혀 다른 지평이 열리게 되는 것이다.

LINE을 더욱 속속들이 파헤치기 위해서 LINE이 2010년에 매수한 라이브도어에 관한 스토리 역시 소개하고 싶다. 과거 호리에 다카후미堀江貴文가 이끌었던, 일본의 인터넷 산업을 상징하는 것이나 다름없던 기업은 어쩌다가 LINE에 흡수되었을까? 2006년 1월에 도쿄지검 특수부가 롯폰기 힐스에 들이닥쳤던 '라이브도어 사건'에서 10년이 지난 현재, 그들의 유전자가 어떻게 살아있는지 또한 많은 일본인의 관심사이기도 할 것이다.

다만 오해는 하지 말았으면 좋겠다. 이 책에서 'LINE이 일본기업인지 한국기업인지'를 놓고 쓸데없는 논쟁을 전개할 생각은 없다.

"LINE은 한국 기업이라고 불리는 때도 있지만, 우리는 우리를 아시아 기업이라고 생각하고 있습니다. 일본에서 주식 상장에 성공하면 지금 이상으로 일본의 경제권에 크게 공헌할 수 있을 겁니다."

앞서 언급했던 전체회의에서 이데자와 사장이 밝힌 것처럼 글로벌화가 진행되고 있는 경제계에서 기업의 국적을 따지는 것은 큰 의미가 없다. 그렇기 때문에 이 LINE이라는 기업을 일본이 아닌 다른 나라의 시선으로 살펴보면, 그 실상을 보다 깊이 이해할 수 있게 될 것이다. 그리고 새로운 LINE의 역사관을 제시하는 것은, 뒤집어 말하자면 현재의 일본 인터넷 산업에 대한 문제 제기가 될 수도 있다고 믿는다.

제1장

LINE을 지배하는
수수께끼의 남자

mail friend contents SNS mail friendcontents SNS
giftshop timeline wifi giftshop timeline
succes follow photo succes

·······●LINE 기념 이벤트의 무대 뒤편

　일본이라는 시장을 훌쩍 벗어나, 전 세계 230개국과 지역에서 LINE의 메신저 앱 다운로드 건수가 누적 3억 건을 달성한 기념할 만한 날. 이 전대미문의 쾌거를 축하하기 위하여 본사에서는 거대 스크린에 다운로드 건수를 실시간으로 표시하는, 성대한 카운트다운 이벤트가 열리고 있었다.

　2013년 11월 25일, 보도진의 카메라를 앞에서 3억 명이 달성된 순간 축하박을 깨트린 사람은 당연히 LINE의 사장(당시)인 모리카와 아키라森川 亮였다. 폭죽이 터지고 종이꽃가루가 흩날리는 가운데 마이크를 잡은 모리카와는 활짝 웃으면서 내년에는 누계 다운로드 건수 5억을 목표로 회사를 더욱 성장하겠다고 맹세했다.

　모리카와는 자신의 블로그에 이 날의 모습을 다음과 같이 기록했다.

　　"전 세계의 스태프 여러분, 고생 많으셨습니다. 현장에 있는 여러분의 굳건한 마음과 노력 덕분에 여기까지 올 수 있었습니다. 말로는 형용할 수 없을 만큼 괴로울 때, 힘들 때도 있었을 겁니다. LINE은 현장의 힘으로 성장해온 회사입니다. 사장인 저는 여러분을 지원하며 함께 성장해나가고 싶습니다."[모리카와 아키라 오피셜 블로그, 2013년 11월 25일]

당연히 회장에는 방송국의 취재진이 쇄도하여 이벤트 장면을 일본 전국에 뉴스로 방송하는 등 LINE의 인기를 실감할 수 있었다.

그런데 취재를 위해서 LINE 본사에 모인 일본 미디어의 기자들 대부분이 전혀 몰랐던 사실이 있었다. 실은 이 날 같은 오피스 타워의 다른 장소에서 한국 미디어의 관계자들만 모은 '또 하나'의 기자회견이 열리고 있었던 것이다. 관계자에 따르면 이 때 모인 인원은 50명을 넘었다고 한다.

도대체 무엇을 위한 회견이었을까? 여기서 당시의 의사록을 바탕으로 재현해보겠다.

"마지막으로 여러분 앞에 나선 것이 언제쯤이었지요? 저도 이 회장으로 오는 길에 기억을 더듬어보았지만 도무지 기억이 안 나는군요."

한국 미디어가 모인 방에 모습을 드러낸 사람은 LINE의 모회사이자 한국 최대의 인터넷 기업인 네이버의 창업자 이해진이었다.

일본인에게는 네이버라는 이름이 낯설지도 모르지만, 한국에서는 누구나가 알고 있는 유명한 검색 서비스다. 무언가 궁금한 것이 생겼을 때, 한국인이 가장 먼저 컴퓨터 화면에 키워드를 입력하여 조사하는 것이 바로 네이버의 검색 사이트다. 한국에서는 검색 서비스로서 70퍼센트를 넘는 시장점유율을 가지고 있고, 2003년부터 부동의 넘버 원 자리를 지키고 있다. 저 유명한 구글조차 한국에서는 10

퍼센트 이하의 시장점유율을 감수하며 대적할 엄두를 내지 못할 만큼 독보적인 존재라고 하면 그 위용을 이해할 수 있을까. 현재 한국의 대학생들이 가장 취직하고 싶은 기업으로 꼽을 만큼 인기가 높은 유명 기업. 그 네이버의 전설적인 창업자가 바로 이해진이다.

그리고 이해진이 공식 석상에서 미디어와 대면하는 것은 무려 12년만의 일이었다. 약간 믿기 어려운 이야기지만 이것은 틀림없는 사실이다. 지난번에 모습을 드러냈던 것은 2001년, 네이버가 온라인게임인 '한게임'과의 경영 통합을 발표했을 때의 회견이 마지막이었다. 네이버의 사실상의 경영자지만, '은둔자'라고 불릴 정도로 사람들의 시선을 피해온 것으로도 유명하다.

그래서 이처럼 신기한 인사말로 기자회견을 시작한 것이었다.

"처음에는 한국 미디어에서도 고참 기자들을 제외하면 이 인물이 누구인지 몰라서 당황했던 모양입니다."(LINE 사원)

LINE이라는 서비스가 탄생하기 훨씬 전부터 염원했던 일본 시장과 글로벌 시장에서 드디어 성공을 거두었다는 기쁨이, 수수께끼에 싸인 창업자를 '강림'하게 만든 것이 틀림없다.

"지금까지 매스컴에서는 제 이미지가 은거하는 경영자로 정착되어 있었습니다. 여러분은 어떤 인상을 가지고 계신지 모르겠지만, 제가 은거할 타입으로 보입니까? 아니면 황제처럼 군림하는 타입으로 보입니까?"

©LINE

✉ 한국 네이버의 창업자 이해진 씨

이해진은 명문 서울대학교의 컴퓨터공학과를 졸업하고, 최첨단의 과학기술을 연구하는 'KAIST한국과학기술원'에서 데이터베이스의 검색 시스템 개발 등에 힘쓴 기술 엘리트다. 그 후 대재벌인 삼성 그룹의 IT 관련기업인 삼성 SDS에 입사하여 연구개발을 종사하다가 사내 벤처 제1호를 설립하게 된다. 그 사내 벤처를 분리, 독립시킨 것이 검색 서비스 '네이버'의 원점이다.

부친 역시 과거 삼성 그룹에 근무했던 엘리트로, 유복한 가정에서 성장한 수재. 냉정침착하고 제품의 세세한 부분까지 놓치지 않는 치밀한 성격의 경영자. 그것이 한국 IT 산업의 입지전적인 인물로 LINE의 모회사인 네이버의 창업자에 대해서 알려져 있는 전부다. 그런 사람이 일본에서 무슨 말을 하려는 것일까?

"저에게는 꿈만 같은 일입니다. 일본에서는 어려운 시기에 사원들과 함께 술을 마신 적이 한두 번이 아닙니다. 그리고 어쩌면 (LINE의 성공이) 꿈에 불과해서 내일 눈을 뜨면 또 다시 고통의 연속인 것은 아닐까 걱정될 때도 있습니다. 지금은 그저 감개무량할 따름입니다."

여기서 말하는 어려운 시기란, 네이버가 일본 시장에 처음으로 진출했던 2000년 초반까지 거슬러 올라간다.

1999년에 탄생한 네이버가 주로 인터넷상의 검색 서비스를 주축으로 하고 있었다는 설명은 앞에서 이미 했다. 거기에 더하여 2000

년에는 온라인게임의 세계를 개척하고 있던 한국의 한게임커뮤니케이션을 인수하여 경영 통합했다. 즉 검색 서비스와 온라인게임이라는 두 가지 사업을 양손에 쥐고 한국의 IT 업계에서 대두했다.

한국은 인구가 약 5,000만 명이라 시장 규모가 작기 때문에 창업했을 때부터 해외시장을 염두에 두고 사업을 펼쳐나가는 것은 일반적이다. 네이버도 예외는 아니었다. 일본 시장을 개척하기 위해서 2000년에는 온라인게임 회사인 한게임 재팬을 설립하고, 이듬해인 2001년에는 검색 서비스인 네이버 재팬을 만들었다.

그리고 이 온라인게임과 검색 서비스는 일본에 상륙한지 몇 년 사이에 그 명암이 뚜렷하게 갈렸다.

먼저 검색 엔진 서비스는 당시의 일본 시장에서 승산이 충분히 있었다고 한다. 일본은 전 세계의 검색 서비스를 석권 중이던 구글이 아직 독점하지 못한 '비非구글 시장'이었기 때문이다. 더욱이 거리적으로도 가깝고, 검색 시스템이 다루는 언어로서 한국어와 일본어의 문법이 비슷한 것이 시스템을 개발하는데 유리하리란 판단도 있었다고 한다.

그래서 당시 한국에서 성장 일로를 달리던 네이버의 검색 서비스를 그대

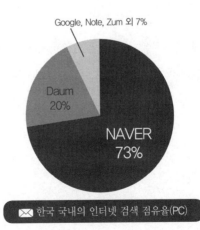

Google, Note, Zum 외 7%

Daum
20%

NAVER
73%

✉ 한국 국내의 인터넷 검색 점유율(PC)

로 도입하여 형태로 사업을 전개했다. 그러나 결과는 실패로 끝났다고 한다. 예를 들어 한국에서는 고속 인터넷 통신이 가능한 브로드밴드가 신속히 보급되어, 다수의 동영상 콘텐츠가 인터넷상에서 돌아다니고 있었다. 그 때문에 네이버는 당시 다른 회사보다 먼저 동영상 검색 서비스를 취급하고 있었다.

그러나 당시 동영상 콘텐츠가 별로 없었던 일본 시장에 동영상 검색 서비스를 그대로 투입했으니 반응이 저조했던 것은 당연한 결과라고 볼 수 있다. 무엇보다 한국에서도 검색 서비스 시장을 둘러싸고 치열하게 경쟁하는 도중인데다 해외전략이 어설펐던 탓도 있어서 자금이 바닥나버렸다고 한다.

"반드시 일본으로 돌아오겠다. 이것은 일시적인 철수에 불과하다."

2005년, 이해진은 고심 끝에 원통함으로 가득한 말과 함께 일본에서의 검색 서비스를 중지하기로 결정했다. 검색 서비스란 무수한 인터넷 이용자의 쿼리query, 질의를 수집하여 해석하는 것이 중추로, 요즘 식으로 말하자면 빅 데이터 시대의 선구자라고도 할 수 있는 사업 분야다. 실패했다고는 하지만 모국을 벗어나 일본 시장에서 승부를 걸었던 것은 한국기업으로서는 거대한 야망이었다고 할 수 있다.

·····● 게임으로 쌓은 일본 시장의 발판

한편 검색 서비스의 실패와는 대조적으로 일본 시장에 뿌리를 내리는데 성공한 것이 또 하나의 사업이었던 온라인게임, 즉 한게임이었다.

"김범수(한게임커뮤니케이션의 창업자)라는 제 친구이면서 훌륭한 경영자가 함께 했습니다. 네이버의 공동대표였지만 그 후 단독으로 대표를 맡게 되었습니다. 검색 서비스가 이래저래 힘들었던 시기라서 저는 부문장으로 일했습니다."

한게임은 브로드밴드 시대의 도래에 발맞추어, 누구나 인터넷을 사용해서 여가를 즐길 수 있다는 점에 가장 빨리 주목하여 설립한 회사다. 모국에서 인기의 계기가 된 게임은 무료로 온라인 대전이 가능한 화투였으나, 일본에서는 마작으로 모습을 변경하여 많은 팬들을 끌어 모았다. 컴퓨터를 통해서 실시간으로 타인과 게임을 즐긴다는 스타일은 일본 시장을 개척한 한게임이 파이오니어적인 존재다.

"2000년대 전반의 네이버는 한게임이 일본 시장에서 큰 성공을 거두었기 때문에 일본에서의 발판을 잃지 않을 수 있었다." 당시의 사정을 잘 아는 LINE 관계자들이 이구동성으로 말하는 것도 그런 역사가 있기 때문이다.

이해진의 발언에 등장한 김범수라는 인물은 이해진과 마찬가지로 서울대학교 졸업생이자 과거 삼성SDS에서도 입사 동기였던 오랜 친구이다. 이 당시에는 함께 한국의 IT 산업의 미래를 꿈꾸는 사이여서, 2010년에 김범수가 LINE보다 한발 먼저 메신저 앱 '카카오톡'을 들고 다시 나타날 줄은 꿈에도 생각하지 못했던 것이 틀림없다.

그리고 이 무렵부터 이해진은 회사의 공식석상에서 모습을 드러내지 않게 되었다.

"저는 한국과 일본을 오가면서 온갖 고생을 겪어왔습니다. 말 그대로 '계란으로 바위치기'를 하는 기분이었습니다."

2005년에 검색 서비스에서 철수한 이해진이지만, 네이버의 일본 진출을 포기한 것은 결코 아니었다.

당시의 상황에 대해서 어느 LINE 관계자는, 이해진이 빈번히 일본을 방문하며 일본의 문화를 직접 느끼기 위해 노력했다고 증언한다. 도쿄 시내의 전차에 올라타 차내에 걸려있는 광고를 읽거나, TV 방송이나 라디오까지 꼼꼼하게 체크했다고 한다.

"지금은 한국에서 생활하고 있을 때도 매주 꼬박꼬박 만화잡지 『주간 소년점프』를 애독하고 있는 모양입니다." (LINE 경영간부)

일본 시장에서 성공하기 위해서는 일본 기업 이상으로 일본을 속속들이 알지 않으면 안 된다. 그렇게 통감한 이해진은 철저하게 로컬라이징(현지화)해서 언젠가 일본 시장에서 리벤지를 성공하기 위하여,

©LINE

✉ LINE의 아버지 신중호 씨

한 남자에게 자신의 꿈을 위탁하게 된다. 그 남자의 이름이 바로 지금의 'LINE의 아버지'로 알려진 젊은 날의 신중호(현 LINE 글로벌사업총괄)였다.

·····●구글과 네이버의 인수 경합

2006년 초여름, 한국의 IT 업계를 뒤흔들 만한 뉴스가 커다란 화제를 불러일으켰다. 세계의 검색 서비스를 좌지우지한다는 구글과 한국의 검색 시장을 독점해온 네이버가, 회사를 설립한지 겨우 1년밖에 안 되는 한국의 벤처 기업을 둘러싸고 불꽃 튀기는 인수 경합전을 벌이고 있다는 뉴스였다.

세계 최고의 검색 서비스 기업과 한국 최고의 기업. 양측이 러브콜을 보낸 벤처 기업은 검색 엔진을 전문으로 개발하고 있던 '1noon 첫눈'이다.

첫눈이란 한국어로 겨울이 되어 '처음으로 내리는 눈'을 가리키는데, 처음 보자마자 사랑에 빠진다는 뜻도 있다. 2015년 7월에는 네이버에 대항하는 인터넷 검색 서비스의 테스트판을 제공하기 시작했다. 네이버의 검색 서비스가 독보적이었던 것은, 앞서 소개한 대로 질문 사이트인 '지식iN'이나 블로그 등 방대한 한국어 콘텐츠를 이용자와 함께 만들어서 내부 데이터베이스로서 끌어들인다는 전략 때문이었다. 이에 반해 첫눈은 세련된 검색 기술로 광대한 인터넷상의 콘텐츠를 자동적으로 수집하여 데이터베이스화하고, 독자적인 알고리

즘으로 랭크를 메기는 방식이었다.

'한국판 구글'. 자타공인의 검색 엔진 첫눈은 현재 그 성능을 확인할 길이 없다. 하지만 한국 시장을 무너트리려던 구글의 에릭 슈미트 회장(당시)이 '첫눈에 반해서' 직접 인수 공세를 벌인 것만 보아도, 단순히 유행하는 벤처가 아니었다는 것만큼은 확실하다.

이 인수극이 펼쳐지고 있었던 당시, 한국의 벤처 기업에서 인턴으로 근무하고 있었던 대학생이 LINE의 최연소 집행임원인 이나가키 아유미稲垣あゆみ, LINE 기획실장이었다. 현지에서 한국어 뉴스를 매일 읽던 와중에 첫눈이라는 벤처 기업의 존재를 알고 큰 충격을 받았다고 한다.

> "저는 대학 시절 한국에 유학했을 때부터 아시아의 인터
> 넷 사업에 미국형과는 다른 것을 탄생시킬 힌트가 있다
> 고 생각했습니다. 1997년에 아시아 금융 위기가 일어났
> 을 때, 한국은 나라가 휘청거릴 정도의 경제 쇼크를 경험
> 하고 정부는 단숨에 인터넷 산업을 추진했습니다. 오프라
> 인 생활이 무척 충실한 일본에 비해, 한국에서는 온라인
> 화가 압도적으로 진행되어 주변 친구들의 디지털 리터러
> 시digital literacy가 대단히 높았습니다. 그리고 한국의 벤처
> 기업에서 인턴으로 근무할 때 가장 뜨거웠던 화제가 첫눈
> 이었습니다. 구글이 본업인 검색 엔진 분야에서 인수하고

©NP

✉ 이나가키 아유미 씨

싶어 할 기업이 과연 일본에 있을까? 저는 그때 언젠가 첫눈의 사람들과 일해보고 싶다고 생각했습니다."

이런저런 관측들이 오가며 혼란스러운 가운데, 최종적으로 네이버가 350억 원에 인수하기로 결론이 났다. 당시의 현지 보도에 따르면 구글은 그 몇 배에 달하는 인수 금액을 제시했으나, 네이버 창업자인 이해진이 "함께 세계 시장을 노려보자"면서 설득한 것이 결정타였다고 한다.

이런 경위로 네이버는 자사의 잠재적인 경쟁 상대였던 첫눈의 검색 엔진뿐만 아니라 약 60명의 사원의 고용도 승계했다. 첫눈에는 창업자 이해진의 모교이자, 한국의 이공계 대학 중 최고봉의 위치에 있는 KAIST를 졸업한 뛰어난 이공계 엘리트들이 다수 재직하고 있었다. 그들의 중심적인 존재가 검색 엔진 전문가인 신중호이고, 현재 LINE의 최고기술책임자CTO로 취임한 박의빈 등도 함께 근무한 동료였다.

그러나 2006년의 시점에서 이 젊은 수재 엔지니어들이 언젠가 LINE의 중심인물이 되리라 예상한 사람은 아무도 없었다.

⋯⋯●일본 재도전의 임무를 맡은 'LINE의 아버지'

네이버가 첫눈을 인수하고 2년의 시간이 흐른 2008년, 신중호는 일본 땅에 발을 내디뎠다. 본래 비행기에 탑승하는 것을 무척 싫어한다는 신중호가 친구도 없고 말도 안 통하는 이국땅을 밟으려면 엄청난 각오가 필요했을 것이다. 무엇보다도 일단은 철수했던 한국 네이버의 검색 서비스를 확장하기 위하여 일본 시장에 재도전한다는 중대한 사명을 짊어지고 있었다.

"선입관을 버리고 백지부터 시작하세요." 당시 이해진은 신중호에게 이렇게 지시했다고 한다.

원래 신중호의 전문분야는, 인간이 사용하는 언어를 데이터로서 컴퓨터가 처리하게 만드는 자연언어처리라는 기술이다. 한국어와 영어처럼 전혀 다른 언어를 얼마나 쉽고 정확하게 통역할 수 있는가를 연구하는 이 분야는 검색 엔진은 물론, 최근 들어 애플의 iPhone에 탑재되어 있는 음성 인식 개인 비서 응용 프로그램인 'Siri'의 서비스에도 응용되고 있다.

10년 이상 이 분야를 연구해온 신중호는 기술적인 이해도가 깊기 때문에, 현실의 사업에서도 다른 나라와 언어에 다리를 놓는 도전을 맡게 된 것이다.

물론 일본 측의 최종 책임자로 신중호를 선택한 사람은 네이버 창업자인 이해진이었다. 한국 미디어는 당시의 상황에 대해서 'NHN 검색 서비스 1noon 일본에 도전'이라는 제목을 붙여서 이렇게 해설하고 있다.

"한국 국내에서의 서비스를 중단한 검색 서비스 '첫눈'이
조금 있으면 일본에서 부활한다. 2001년에 일본에 진출

했다가 뼈아픈 실패를 경험한 NHN(현 네이버)은 과거의 네이버와는 전혀 다른 새로운 스타일의 검색 서비스로 일본의 검색 시장에 재도전할 예정이다. 현재 NHN은 부서진 자존심을 회복하기 위하여, 이해진 최고전략담당이사가 직접 일본으로 날아가서 서비스의 준비에 여념이 없다. (중략) 첫눈에서는 검색 키워드가 자주 등장하는 문서를 중심으로 검색 순위를 표시하는, 스노우랭크라는 기술을 구사하고 있어서 정보의 정확성이 높기로 유명했다. 덕분에 열광적인 이용자들이 나타나서 '한국의 구글'이라고 부를 정도로 인기가 높았던 검색 사이트였다."

[파이낸셜뉴스, 2008년 1월 30일]

그렇지만 신중호가 부임하자마자 일본의 검색 시장에서 존재감을 드러낼 만큼 만만한 사업 환경이 아니었던 것도 사실이다. 당시 일본에서는 구글과 야후 재팬이 양대 검색 서비스로서 시장을 절반씩 점유하고 있었던 시대였다.

2004년에 네이버 재팬에 입사하여 최초의 검색 서비스가 철수하는 것과, 방일한 신중호가 재도전하는 것을 지켜본 고참 간부 시마무라 다케시島村武志 현 LINE 상급집행위원는 당시의 상황을 이렇게 회상한다.

"2007년 무렵 또 다시 검색 서비스에 재도전한다는 이야기가 나왔을 때는 너무 어리석은 소리를 한다고 생각했습

©NP

✉ 시마무라 다케시 씨

니다. 이렇게 황당한 말이 어디 있나 싶었습니다. 네이버가 한국에서 성공을 거둘 수 있었던 것은 당시 아직 인터넷상에 한국어 콘텐츠가 적었던 시대였기 때문입니다. 하지만 일본어의 콘텐츠는 이미 많아서 그 방법은 성립되지 않는다고 지적했습니다. 그렇다면 어떤 승산이 있을까? 신중호 씨와 일본인 멤버들이 모여서 가끔 그런 이야기를 나누기 시작했습니다."

일본어가 서툴렀던 신중호는 사내의 화이트보드에 이런저런 아이디어를 적어두는 일이 많았다고 한다. 그리고 2009년 7월, 한국 최고의 검색 포털이란 선전 문구를 내건 네이버는 일본용으로 리뉴얼한 검색 서비스를 재개했다. 콘셉트는 '서로 찾아주는 검색'. 구글의 고도로 자동화된 검색과의 차이점를 강조하기 위하여 네이버가 채택한 것은, 이용자들이 투고한 콘텐츠 등을 도입한 참가형 종합 검색 서비스였다.

이번에야말로 본업인 검색 서비스로 일본 시장에서 성공하고 싶다. 그런 마음과 부담감 때문인지 그로부터 몇 년 동안 네이버 재팬은 20개가 넘는 신규 서비스를 차례차례 발표했다. 네이버 검색에 더하여 주요한 서비스를 늘어놓아 보면 상당한 수가 된다.

- 무료사진 온라인 편집 소프트 'NAVER 포토 에디터'
- iPhone용 검색 서비스 'NAVER for iPhone'

- 무료 웹하드 서비스 'N드라이브'
- 멀티미디어형 미니 블로그 'Pick'
- 화제에 특화된 검색 서비스 'NAVER 토픽 검색'
- TV나 잡지에서 화제인 가게를 찾아주는 '맛집 검색'
- '이벤트 검색'
- 실시간 SNS 'NAVER cafe'
- 'NAVER 마토메' 리뉴얼
- 지역정보검색 서비스 'NAVER 스포트'

검색, 검색에 이은 검색의 신규 서비스 러시. 그러나 당시의 관계자들은 온갖 시행착오를 거듭해도 좀처럼 결과가 나오지 않았다고 증언한다. 항간의 화제가 되고 있는 토픽에 관한 온라인상의 다양한 기사나 동영상 등의 링크를 정리하여 하나의 기사로 만드는 'NAVER 마토메', 유일하게 이것만 서서히 팬층이 늘어나서 빅 서비스로 성장했다. 그래도 당시 상황을 잘 아는 LINE 간부들 말로는 일본의 검색 시장을 노리고 있었던 네이버 재팬으로서는 '자그마한' 성공에 지나지 않았다고 한다.

2010년이 끝나갈 무렵에는 일본에서의 검색 서비스를 전권 위임받은 신중호도 초초한 기색을 감추지 못했다고 한다.

·····●고심 끝에 태어난 LINE

일출 직전이 가장 어둡다—. 태양이 떠오르기 직전의 시간대가 하루 중에서 가장 어둡다는 뜻의 이 말은, LINE이 탄생하기 직전의 네이버 재팬의 상황을 그대로 표현하고 있다. 즉 신중호가 일본으로 건너온 지 3년이 넘었지만 여전히 한국의 모회사를 만족시킬만한 히트작이 나오지 않아서 사내 분위기도 어두웠다고 한다.

그런 가운데 네이버 재팬이 추진하고 있었던 아이디어 중 하나가 스마트폰의 소셜 네트워크 서비스SNS에 주목한 애플리케이션의 개발이었다. 2010년 가을에 사내의 프로젝트팀은 전 세계의 SNS, 메신저 앱, 명함 교환, 사진 공유 같은 다양한 영역이나 이용 상황에 대한 리서치를 개시했다. 그 과정에서 부상한 아이디어가 사진 공유와 메신저 앱, 두 가지였다.

당시 신중호와 함께 네이버 재팬의 경영전략을 세웠던 최고전략 마케팅책임자 마스다 준은 그 때의 상황을 이렇게 기억하고 있다.

"저도 신중호도, 슬슬 이런 상황을 끝내야만 한다고 생각 하고 있었습니다. 2010년이 되고, 4년이나 애쓰다 보니 다들 지쳤거든요. 현장의 리더들도 마찬가지고요. 무슨 수를 내지 않으면 (우리가) 책임을 질 수밖에 없는 시기에 들어섰습니다. 이래저래 고민했는데 답은 등잔 밑, 아주

©NP

✉ 마스다 준 씨

가까운 곳에 있었습니다. SNS는 낯선 사람과도 폭넓게 교류할 수 있지만, 사실은 지인들끼리 심플하게 커뮤니케이션할 수 있는 툴이 없었습니다. 메일과 전화의 시대에서 그 부분만 진화하지 않았지요. 그것을 서비스로 기획하고 있을 때, 3월 11일의 대지진이 일어난 겁니다."

이 동일본대지진의 영향으로 네이버 재팬에서는 급히 개발의 우선순위를 사진 공유가 아닌 메신저 앱으로 변경했다고 한다. 네이버의 창업자 이해진도 일본에 체재하다가 지진을 겪었기 때문에 일본 측의 판단을 지원해주었다고 한다. 여기서 다시 마스다의 말을 들어보자.

"당일 우연히도 신중호와 이해진, 그리고 저는 오사키大崎 (2011년 당시)의 본사에 있었습니다. 그곳에서는 전화가 연결되지 않는다는 문제도 파악하고 있었습니다. 여진도 계속 이어지고 있었습니다. 통신 소프트인 스카이프는 있었지만, 컴퓨터 시대의 설계라서 제 아내는 사용한 적이 없었습니다. 하지만 전화 회선이 먹통이 되어도 커뮤니케이션이 가능하다는 점에서는 훌륭했지요. 그것을 남녀노소가 사용할 수 있는 서비스로 만들어야했습니다. 지인들끼리의 결속을 다지기 위한 앱, 그것이 LINE이었습니다."

여기서부터 대중들이 알고 있는 LINE의 역사가 시작되었다. 그런데 거기서 무언가가 깨끗하게 누락되었다는 사실을 눈치 챌 수 있을 것이다. LINE 프로젝트의 최종책임자였다는 신중호의 존재감이 LINE의 급성장과는 대조적으로 점점 희박해졌다는 사실을 말이다.

●혐한 무드와 마케팅 전략

LINE의 탄생 전부터 네이버 재팬을 이끌어온 최대의 키맨을, 어째서 애초부터 존재하지 않았던 것처럼 계속 쉬쉬했던 것일까? 여기에 대하여 LINE 내부 사정에 정통한 인물은, "LINE이 일본발 오리지널 앱이라는 「스토리」"에 맞추어 한국이란 존재는 가능한 지우는 편이 이롭다는 경영 판단을 내렸기 때문이다." 라고 말했다.

"페이스북이 미국제라는 말을 들어도 거부감을 표시하는 일본인은 없을 겁니다. 하지만 한국과 일본이라는 두 나라 사이에는 아직도 특별한 감정이 있습니다. 솔직히 말하면 LINE을 일본인에게 마케팅할 때 한국이 관련되어 있다는 부분은 절대로 사용하고 싶지 않은 요소입니다. 현재도 거의 알려지지 않은 사실이지만, LINE의 개발 당초부터 한국 측 엔지니어 부대도 깊이 관여하고 있습니다. 특히 첫눈에서부터 함께 일했던 동료이자 신중호의 오른팔이라고 불리는 고영수가 LINE의 전략 자회사에서 경영

기획실장으로 재직하면서 LINE 탄생에 크게 공헌해왔습니다만, 그들은 결코 공식석상에 등장할 일이 없는 존재였습니다. 하지만 LINE의 이용자가 1억 명을 돌파한 기념이벤트 등에는 초대되었고, 감격한 나머지 관객석에서 눈물을 흘리는 사람도 있었습니다." (LINE 관계자)

LINE의 공식적인 역사에는 등장하지 않지만 그 성공에 눈물을 흘릴 만큼, 한국 측 프로젝트 멤버들에게도 피와 땀이 서린 작업이었을 것이다. 이런 증언이 나오는 것을 보면, LINE에는 아직 알려지지 않은 스토리가 잔뜩 있다고 확신할 수 있다.

이 LINE 관계자가 설명한 대로, LINE의 탄생에서 성장까지의 역사에 등장하는 사람은 과거로 거슬러 올라가 보아도 일본인 경영간부들뿐이다. 신중호를 비롯한 한국인 경영간부는 이용자가 1억 명, 3억 명으로 증가할 때마다 열린 기념 이벤트는 물론 LINE의 최신 서비스나 업무 제휴 등을 선보이는 'LINE 컨퍼런스'의 무대 위에 등장한 적이 없다. 일본 미디어의 인터뷰를 받은 흔적 또한 없다.

"신중호는 네이버 창업자인 이해진을 존경하기 때문에 이해진을 본받아 공식석상에 나가는 것을 좋아하지 않는다."

LINE측은 그렇게 설명해왔지만 어딘가 석연치 않은 느낌이 든다. 그보다는 일본 시장을 공략하기 위한 마케팅 상의 전략이라고 하는 편이 훨씬 자연스럽게 들리지 않을까?

실제로 지금까지 한국 기업이 일본 시장에서 성공을 거둔 케이스는 무척 드물다. 한국이 자랑하는 세계 최대의 가전업체인 삼성전자도 세계에서 가장 많이 팔았다는 액정 텔레비전을 일본에서는 아직 판매하지 않는다. 간판 상품인 스마트폰 'GALAXY'는 처음부터 삼성 제품이라는 것을 가능한 감추는 마케팅을 벌여온 이야기는 유명하다. 자동차 회사인 현대자동차의 경우는 성과를 내는 일이 거의 불가능해서 일본에서 철수하기로 결정했을 정도이다.

더욱이 LINE이 탄생한 다음 해인 2012년은, 한국의 이명박 대통령(당시)의 '덴노(일왕) 사죄 요구'에 격렬한 논의가 벌어지는 등 정치적인 골이 깊어져서 일본에서 혐한 무드가 양성된 시기이기도 했다. 따라서 일반적으로 생각해도 LINE에서 한국색을 지우기로 판단한 것은, 마케팅과 비즈니스의 관점에서 보면 지극히 합리적이었다고 할 수 있다.

결과적으로 이런 마케팅 상의 전략적 판단은 주효했다. 그러나 이 교묘한 방법은 아이러니하게도 LINE 내부에 거대한 '자기모순'을 내포시키는 계기가 되어버렸다. LINE이 성장하면 할수록 사실상의 최종책임자인 신중호의 존재가 경영상 중요해지는 것은 당연한 일이었다. 하지만 대외적으로는 가능한 그 존재를 감출 수밖에 없게 되었던 것이다.

그것을 단적으로 상징하는 것이 LINE의 글로벌 전략이다. 아시아, 중동, 유럽 등에서 이용자가 증가하고 있었던 2013년, LINE은 해외 시장을 본격적으로 공략하기 위하여 한국 국내에 LINE 플러스라는 전략 자회사를 설립했다. LINE이 얼마나 거대한 글로벌 서비스로 성장할 수 있을지의 여부는 오로지 이 LINE 플러스의 해외 전략의 성패에 달려있었다. 사실 신중호는 이 회사의 최고경영책임자CEO도 맡고 있다.

LINE 플러스의 실정을 잘 아는 복수의 관계자들은 입을 모아 이렇게 말한다.

> "전 세계의 국가에서 LINE을 어떻게 전개해 나갈지, 모든
> 보고서는 LINE 플러스의 신중호에게 올라갔습니다. 각국
> 에서 방송되는 TV 광고 등 고액의 마케팅 비용의 결제에
> 서 현지 대기업과의 파트너십 체결까지, 신중호가 각국을
> 돌아다니면서 즉단즉결을 하고 있다는 것은 공공연한 비
> 밀입니다."

취재를 거듭할수록 우리가 그리고 있었던 어렴풋한 가설이 현실일 수도 있다는 생각이 들었다. 그것은 LINE이라는 기업을 실질적으로 다스리고 있는 우두머리는, 회사 조직상의 우두머리로 취임한 일본인 경영자가 아니라 이사 중 한 명인 신중호인 것은 아닌가 하는 가설이다.

> "신중호는 무척 머리 회전이 빨랐습니다. LINE의 온갖 중요한 프
> 로젝트의 회의에 출석했고, 테마 별로 생각을 전환하여 차례차례 판

단을 내렸습니다." (전 LINE 관리직) 한편 가까이서 일했던 인물들로부터는 "겉보기에는 쿨하지만 속은 뜨거운 타입. 실현하기 어려운 스케줄의 업무라도 신중호 씨가 '충분히 가능하다'고 말하면 해낼 수밖에 없다"는 인물평도 전해진다.

어느 한국 IT 기업의 경영 간부는 "지금까지 신중호 씨나 이해진 씨는 소프트뱅크 그룹의 손정의 사장과도 몇 차례인가 함께 식사를 했습니다. 거기서는 사업 이야기보다 지금까지의 인생이나 가치관 등을 서로 허물없이 털어놓았던 모양입니다"라고 밝혔다.

그렇게 생각하니 머릿속에 있었던 온갖 의문점들이 깨끗하게 풀리는 것 같았다. LINE이 탄생할 때 사장으로 근무했던 모리카와가 LINE을 낳은 네이버 재팬 출신이 아닌, 완전히 다른 분야인 온라인게임 NHN JAPAN 출신인 것도 이걸로 설명이 가능하지 않을까? 모리카와의 역할은 LINE의 대외적인 '얼굴마담'에 불과하고, 실질적인 전략 수립은 신중호가 담당했다고 생각할 수는 없을까?

2015년 3월에 라이브도어 출신의 이데자와에게 사장 자리를 바통 터치한 모리카와는 퇴직 후에 LINE이라는 서비스의 운영에 대해서 이렇게 증언하고 있다.

> "나는 그들(LINE 사업에 관련된 사람들)의 방침, 비전에는 한 마디도 참견하지 않았습니다. 왜냐하면 의미가 없었기 때문입니다. 사장인 나의 업무는 나보다 그 분야를 잘 아는 사람에게 업무를 맡기는 것이었습니다. 그 사람이 리더가

되어 필요한 멤버를 모아서 전력으로 일하고 있는데, 거기다 대고 내가 뭐라고 해봤자 방해가 될 뿐입니다. 말하자면 그들은 그라운드에서 공을 패스를 하면서 골을 목표로 전속력으로 달리는 포워드. 그라운드 밖에 있는 내가 '오른발로 차라', '슛이다'라고 지시를 내린다고 무슨 의미가 있을까요? 선수들에게는 그런 목소리가 들릴 리가 없고, 들린다고 해도 들어서는 안 됩니다. 그 순간 경기가 멈추어버리기 때문입니다."

[모리카와 아키라 저, 『심플을 생각한다』 2015년 다산북스]

모리카와 본인은 LINE의 사업에 직접 관여하지 않고 자유롭게 일할 수 있는 환경을 갖추는 것이 자신의 임무였다고 술회하고 있다. 그리고 모리카와는 "LINE에는 우수한 사람이 있다"면서, 사원들의 수준이 높다는 것을 반복해서 강조했다. 그러나 그의 말에는 신기할 정도로 구체적인 고유명사가 등장하지 않는다. 좀 더 깊이 생각해보면, 모리카와는 LINE의 경영이나 의사결정이 이루어지는 과정과 신중호라는 존재를 교묘하게 피하면서 당시를 술회하고 있는 것이 아닐까?

무엇보다 경영자로서의 모리카와는 신중호를 비롯하여 한국 네이버에서 온 경영간부와 일본인 사원들 사이의 갭을 메우기 위한, 일종의 완충재 같은 역할이었다고 증언하는 사람이 많다. 그리고 터프하기로도 정평이 나있었다.

"모리카와 씨는 한국에서 사람이 오면 2차, 3차를 가서 마시고 노는 '밤문화'에 강했습니다. 한때 네이버가 디지털 업계와 관련된 단체를 신설하고, 그 대표로 삼는다는 일종의 조기 퇴임 설도 있었습니다. 그런데 절묘한 타이밍에 LINE의 사장 블로그를 시작하는 등 LINE의 얼굴마담으로서 사장 자리를 지킨 것을 보면, 일종의 감과 재능이 있다고 생각합니다." (LINE 간부 사원)

만약 우리 가설이 맞는 것이라면, 모리카와가 '축구팀'에 비유한 LINE 사업에는 한국 네이버의 창업자인 이해진이라는 축구팀 '오너'와 그의 명령으로 일본에서 경영을 지휘하고 있는 신중호라는 '감독'이 있었던 것이 틀림없다.

⋯●직격 취재로 엿본 경영의 실상

2016년 5월 10일 심야, 우리 NewsPicks 편집부의 취재반은 LINE 본사가 있는 오피스 타워 히카리에의 임원층을 방문했다.

도대체 LINE은 어떻게 경영판단을 내리는 것일까? 그것을 관리하는 사람은 누구일까? 원래는 LINE의 신중호를 직접 만나서 물어보고 싶은 질문이었다. 하지만 취재에 응하기 어렵다는 LINE측의 답변을 받았기 때문에, 대신 LINE을 대표해서 전략 담당을 맡고 있는 마스다를 인터뷰하게 되었다.

취재하기에 앞서서 LINE의 대략적인 조직도를 요청하여 회사가 어떤 구조로 이루어져 있는지 이해하려고 노력했다. LINE측이 작성해준 조직도는 다음 페이지에 실었으니 참고하시기 바란다. 신기하게도 중앙에는 최종결정자가 정점에 있는 것이 아니라, 3명의 경영 멤버가 의사결정을 하는 '트로이카 체제'가 그려져 있었다.

LINE은 우리의 의문에 어떻게 대답할까? 우리가 세운 가설의 '정답'으로 삼으려고 생각했던 인터뷰의 해당 부분을 소개한다. 뉘앙스를 가능한 정확하게 공유하기 위해서, 약간 길기는 하지만 가능한 실제로 주고받은 대화를 있는 그대로 소개한다.

— 2010년에 당시 NHN JAPAN(현재의 LINE)이 라이브도어를 인수, 경영을 통합한 후 마침내 LINE이 탄생했습니다. 그 LINE의 경영을 좌지우지하고 있다는 '트로이카 체제'의 포인트를 가르쳐주십시오.

어디서부터 설명할까요.

모리카와 씨의 직함은 당연히 사장이었지만 (LINE의) 사업에는 터치하지 않는 역할이었습니다. 게임 사업을 보셨지요. 그런 가운데 네이버 재팬이라는 회사가 2007년에 세워졌습니다. 2008년에는 신중호와 제가 합류했고요.

거기서부터는 신중호와 저의 '투 톱' 체제입니다.

딱히 역할 분담다운 분담도 하지 않았습니다. 우리는 오랫동안 같이 있었기 때문에 서로가 거의 분신이나 다름없는 존재가 되어 있었습니다. 신중호가 일본어를 할 줄 알기 때문에 커뮤니케이션에도 문제가 없고요. 신중호는 사내에서 많은 말을 하지 않습니다. 하지만 저는 그가 무슨 생각을 하는지 잘 이해할 수 있기 때문에, "이런 느낌이죠?"라고 의사소통을 하면서 연계해왔습니다.

— 신중호 씨와 마스다 씨의 투 톱은 서로에게 어떤 강점이 있었습니까?

서로의 강점이라면 제가 잘하는 것은 마케팅, 그리고 사업 전략 분야입니다. 한편 신중호는 개발자라서 제품이나 서비스의 개발을 보고 있습니다. LINE은 친한 사람끼리의 커뮤니케이션에 한정된 서비스로, 당초의 타깃은 젊은 여성이었습니다. 이런 LINE의 전략 부분은 제가 결정하고 있습니다. 신중호는 이런 제품이 괜찮을지 개발 부분을 담당하고, 제품은 박의빈(현재 LINE 최고기술책임자)이나 이나가키 아유미(현 LINE 기획실장)와 함께 만들고 있습니다. 그런 구도가 줄곧 계속되고 있고, 그것이 여전히 이어지고 있다는 것이 실제에 가까울지

대표이사 사장 CEO
이데자와 다케시 (라이브도어)

이사 CGO
신중호 (네이버 재팬)

이사 CSMO
마스다 준 (네이버 재팬)

본체, 플랫폼의 기획개발, 기반기술
- 상급집행임원 CTO 박의빈 (네이버 재팬)
- 상급집행임원 양희찬 (네이버 재팬)
- 상급집행임원 양석호 (네이버 재팬)
- 집행임원 이나가키 아유미 (네이버 재팬)
- 집행임원 스기모토 겐이치 (네이버 재팬)
- 나스 도시마사 (네이버 재팬)

게임
- 집행임원 정연희 (NHN)
- 오쿠이 마야 (NHN)

콘텐츠 스티커
- 집행임원 모리 히로시 (라이브도어) LINE 스티커, LINE 만화, LINE 운세
- 와타나베 나오토모 (라이브도어) LINE 스티커

엔터테인먼트
- 집행임원 사사키 다이스케 (라이브도어) LINE LIVE, LINE 블로그, livedoor 블로그
- 엔도 다카노부 (네이버 재팬) LINE LIVE
- 다카하시 아키히코 (네이버 재팬) LINE MUSIC

패밀리 서비스 개발
- 상급집행임원 이케베 도모히로 (라이브도어)
- 가키우치 히데유키 (라이브도어)

UX, UIT
- 집행임원 김대석 (네이버 재팬)
- 하시모토 겐고 (네이버 재팬)
- 후쿠시마 에이지 (네이버 재팬)

백오피스
집행임원 오치아이 노리타카 (라이브도어)

코퍼레이트 비즈니스
- 상급집행임원 다바타 신타로 (라이브도어)
- 고가 미나코 (라이브도어)
- 다니구치 마사토 (라이브도어)
- 하야시 유타로 (라이브도어)
- 조후쿠 히사히로 (라이브도어)

미디어
- 상급집행임원 시마무라 다케시 (네이버 재팬) LINE NEWS, NAVER 마토메
- 사쿠라가와 가즈키 (네이버 재팬) LINE NEWS, NAVER 마토메
- 스키가라 가즈오미 (네이버 재팬) NAVER 마토메
- 우에다 교지 (네이버 재팬) NAVER 마토메
- 후지누마 마사아키 (라이브도어) LINE NEWS, livedoor, 뉴스
- 오타니 고타 (라이브도어) BLOGOS

전략 마케팅
사업전략, 개발·사카니와 데루미 (네이버 재팬)

마케팅 커뮤니케이션
- 야사키 사토시 (네이버 재팬)
- 가네코 도모미 (네이버 재팬)

✉ LINE 경영은 '트로이카 체제'

도 모릅니다.

— 그 후 라이브도어 출신의 이데자와 씨가 사장으로 취임하셨죠?

예, 이데자와 씨가 참가해주었습니다. 사장으로 근무한 경험
이나 균형감각, 리더십도 있어 대단히 존경스러운 사람입니
다.
이데자와가 LINE의 '수비'를 담당해주는 덕분에 우리가 LINE
의 '공격'을 담당하고 있습니다. 3명의 '트로이카 체제' 속에
는, 이를테면 역할에 농담濃淡이 있습니다.

이데자와가 경영과 관리, 코퍼레이트 비즈니스, 신중호가 글
로벌 전략, 그리고 제가 사업이나 서비스, 특히 일반 소비자
대상 컨슈머 서비스를 담당합니다. 저희 셋이 온라인, 오프
라인을 가리지 않고, 이렇게 하자 혹은 저렇게 하자라고 대
화를 나누며 LINE을 경영하고 있는 것입니다.

— LINE의 경영 조직을 구축하기 위하여 벤치마킹한 기업이 있습니까?

LINE의 경영 체제는 일종의 속인적인 것으로 이루어져 있습
니다. 신중호, 이데자와 그리고 저, 이렇게 3명의 관계가 아
니면 성립되지 않습니다. 서로의 능력을 잘 이해하고 있고

주위도 그것을 알아주기 때문에 성립됩니다.

예를 들면, 과거 구글도 '트로이카 체제'로 경영했습니다. 에릭 슈미트가 경영을 담당하고 창업자인 세르게이 브린과 래리 페이지가 둘이서 제품을 담당했지요. LINE에서는 에릭 슈미트의 역할을 이데자와가 맡고 있다고 봐야겠지요.

중국의 검색 엔진 회사 바이두百度에서 근무했을 적에 반성했던 것이 있었습니다. 바이두가 일본시장에서 서비스를 개시하고, 저는 사업 책임자가 되었지만 뜻대로 되지 않는 일이 있었습니다. 회사 전체의 의사 결정 보고 라인 안에서, 일본의 위치를 어디에 두면 좋을지 이해하지 못했습니다.

예를 들어 바이두 창업자인 리옌홍李彦宏과 제가 직접 대화를 나눈다고 생각해봅시다. 그런데 사후에 많은 승인 프로세스가 존재하는 겁니다. 그 때문에 당시 사장이었던 모리카와하고도 네이버 재팬이 검색 서비스에서 이기기 위해서는 조건이 있다고 이야기했습니다. 우수한 일본인 사원이 있어야 하는 것은 당연하고, 한국 본사의 신뢰가 두터운 인재를 상주시키지 않으면 싸울 수 없다고 말했습니다. 거기다 개발 팀도 필요하다고. 제가 재직하고 있을 무렵의 바이두에서는 그것을 실현할 수가 없었기 때문입니다. (그런 의견에 대해서) 모리카와는 "마땅히 그렇게 해야 한다"고 동의해주었습니다.

네이버 그룹으로서는 일본 시장에 두 번째로 도전하는 것입니다. 그리고 신중호나 박의빈이라는 인재가 일본에 와있었기에, 그렇다면 저는 전략을 담당하려고 참가한 것입니다.

— LINE의 경영 의사 결정 구조는 참으로 독특해서 이해하기 어렵던데요.

LINE의 사원이 보기에도 그럴지도 모릅니다. 최근 LINE도 큰 회사가 되었기 때문에 전체회의를 열었습니다. 거기서 경영진 3명이 토크 세션을 가졌습니다. 그러자 사내에서 "윗분(경영진)들은 사이가 좋으시네요"라는 감상을 들었습니다.
그런데 정말로 사이가 좋아요(웃음). 그것이 사원들에게 제대로 전해지지 않은 것 같으니 앞으로는 그런 모습을 더 자주 보여줘야겠다고 생각했습니다. LINE의 '트로이카 체제'에서는 서로의 역할 분담을, 각자 농담을 달리하고 있는 느낌입니다. 세 명이서 다수결을 정해봐야 의미가 없습니다. 각자 어떻게 생각하고 있는지 확인하고 있습니다.

약 90분 동안 이루어진 인터뷰를 통해서, LINE측이 설명에 사용한 '트로이카 체제'라는 단어는 약 5년에 걸친 LINE의 역사에서 처음으로 등장한 단어였다. 취재를 한 NewsPicks 편집부의 취재반이 내린 결론은 이렇다.
LINE이 탄생했을 때, 사장의 자리에 앉아있었던 사람은 모리카와였다. 그러나 실제로 LINE의 프로젝트 최종책임자였던 사람은, 일본 시장에서 검색 서비스의 성공을 책임진 신중호였다. 그런 신중호가 일본에서 일할 때 무척 의지했던 파트너가 마스다였다. 이것이 '투톱'의 의미이고, 실제로 모리카와는 LINE의 사업에는 관여하지 않았다고 인터뷰에서도 인정하고 있다.

모리카와의 퇴임 후 LINE의 사장 자리는, LINE이라는 대 히트 서비스를 탄생시킨 네이버 재팬의 경영 간부가 물려받아야 가장 자연스럽다. 즉 통상적으로 가장 유력한 사장 후보는 LINE의 중심인 신중호였어야 한다. 실제로 LINE의 관계자들 사이에서는 이런 의견이 새어나왔다.

> "한국 네이버의 인사 시스템 상 경영 간부의 '서열'을 메기면, 신중호는 당시 LINE의 사장이었던 모리카와하고도 동등한 위치에 있었다."

그런데 실제로는 라이브도어 출신의 이데자와가 후계자가 되었다. 이데자와가 가지고 있는 경영자로서의 경험이나 식견 때문이기도 하겠지만, 신중호가 사장이 될 경우 지금까지 강조해온 일본발 애플리케이션이라는 스토리가 붕괴되는 것을 LINE측이 두려워했기 때문은 아닐까? 과거 방송작가로서 일한 적이 있는 마스다로서도 그것은 피하고 싶은 시놉시스였던 것이 아닐까?

그 결과, LINE은 이렇게 설명할 수밖에 없었다. 이 회사의 의사 결정은 '트로이카 체제'라는, 경영진 3명의 상하관계가 명확하지 않은 일종의 합의 체제로 이루어져 있다고. 그래도 많은 LINE의 사원들은 신중호야말로 이 회사에서 가장 힘 있는 인물이라고 확신하고 있다.

한창 이 책을 집필하고 있던 6월 10일, LINE은 주식 상장을 위하여 유가증권보고서를 공표했다. 그 보고서를 들쳐보면, 스톡옵션의 형태로 할당된 경영진과 간부 사원들의 보수가 기재되어있다. 상세한 내용은 5장에서 다시 다루기로 하고, 이 '트로이카 체제'를 짊어진 3명에게 할당된 주식수가 실린 부분을 발췌해보자.

신중호 (최고글로벌책임자)	10,264,500주
이데자와 다케시 (사장. 최고경영책임자)	96,500주
마스다 준 (최고전략마케팅책임자)	94,500주

가령 신중호의 스톡옵션을 공모가격인 주당 2,800엔, 행사가격인 1,320엔에 전부 매각하면 단순히 계산해도 151억 9,146만 엔의 매각 이익을 얻을 수 있다. 이데자와와 마스다가 할당받은 것은 신중호의 스톡옵션 주식수와 비교하면 그 100분의 1에도 미치지 못한다. 거기서 의도치 않게 이 LINE이라는 기업 안의 '서열'을 뚜렷하게 드러난다.

·····●제2의 신중호를 낳아라!

모회사인 한국 네이버는 LINE으로 대성공을 거둔 신중호에 버금
하는 정상급 인재를 낳을 수 있을까? 2016년 4월, 한국 미디어는
'LINE 신화의 주역, 제2의 신중호 발굴'이라는 제목이 달린 기사를 게
재했다.

> "국내 최대 인터넷 포털 네이버가 이달 초 24개에 이르는
> 프로젝트팀을 동시다발적으로 신설했다. 신규 프로젝트
> 팀의 60%인 14개팀은 소프트웨어 개발자가 이끌도록 했
> 다. 네이버가 이 같은 조직개편을 실시한 것은 신중호 라
> 인플러스 대표의 뒤를 잇는 '차세대 기술리더'를 육성하겠
> 다는 취지에서다. 신 대표는 국내 인터넷 서비스로는 처
> 음으로 해외 매출 1조원을 돌파한 모바일 메신저 라인 신
> 화의 주역이다. 신 대표가 라인을 선보일 수 있었던 것은
> 우수한 개발자들을 이끌면서 다양한 글로벌 플랫폼에서
> 첨단 신기술을 실험할 수 있었기 때문이다."
>
> [한국경제신문 온라인판, 2016년 4월 10일]

이 기사에 따르면, 한국 네이버는 LINE에 이어 글로벌한 성공을
거두기 위하여 차세대 에이스가 될 인재를 발굴하고 있다는 것이다.

그 주력이 되는 것은 인공지능 분야나 기계번역 등 최첨단 디지털 기술을 구사할 수 있는 제일선의 소프트웨어 개발자들이다. 모국인 한국에서 신중호는 이미 IT 산업의 해외에 진출시킬 방법을 제시한 거대한 롤 모델이 되어있었다.

그러면 LINE을 성공시킨 신중호는 그 막대한 임무를 벌써 끝낸 것일까? 취재에서 드러난 대답은 'NO'였다. 복수의 LINE 관계자에 따르면, 현재 신중호는 LINE을 사용한 극비 프로젝트를 진행하고 있다고 한다.

그 프로젝트는 이용자들이 음성만으로 LINE을 비서처럼 사용할 수 있도록 지원해주는 퍼스널 어시스턴트 서비스라고 한다. 스마트폰의 시대가 더욱 진화할수록 언젠가 사람들은 자신이 궁금한 것을 음성으로 물어보는 시대가 찾아올 것이다. 바꿔 말하면 문자를 입력해서 이용하고 있던 검색 서비스의 중심이 음성 검색으로 이동할 것이라고 예측한 일이다.

2008년, 신중호는 다음과 같이 정열을 품고 일본으로 건너왔다.

자신의 전문분야인 검색 엔진을 사용한 서비스로 일본 시장을 포함한 글로벌로 가는 길을 개척해 나간다.

비록 컴퓨터 모니터 위에서는 성취하지 못했지만, LINE이라는 메신저 애플리케이션의 성공을 통하여 음성 검색의 세계에서 실현하겠다는 것이 'LINE의 아버지' 신중호의 야망이다.

제2장

바다 너머에 있는
또 하나의 본사

·····●시부야 히카리에에서 세계로

"올해 안에 이용자 수를 1억 명까지 늘리는 것이 목표다.
페이스북을 능가하고 싶다."

LINE이 서비스를 개시하고 딱 1년이 경과한 2012년 7월. LINE(당
시 NHN JAPAN)의 사장이었던 모리카와 아키라는 모여든 보도진을 향
해서, 약 9억 명의 이용자를 자랑하는 세계 최강의 SNS를 비교 대상
으로 내세우면서 이렇게 선언했다.

기자 회견이 열린 장소는 당시 막 오픈한 '시부야 히카리에'였다.

2012년에 준공한 종합상업시설 히카리에는, 17층보다 위인 고층
부에 지금은 모르는 사람이 없는 일본의 IT 기업들이 입주한 것으로
유명하다. 같은 해 5월에는 모바일용 게임으로 파죽지세였던 DeNA
가 전면 이전하여, 이 마천루는 일본의 스타트업 기업이 집합한 시부
야의 상징적인 존재가 되었다.

LINE을 운영하는 NHN JAPAN이 JR 오사키 역 앞에 있는 Think
Park 타워에서 히카리에로 본사를 전면 이전한 것은, 기자회견을
한 날로부터 3개월이 지난 10월의 일이었다. 2011년 동일본대지진
이 발생한 후, 한때는 한국과 가까운 후쿠오카로의 이전을 검토했던

©NP

LINE이었지만 최종적으로는 히카리에에 입주하게 되었다.

"네이버의 창업자인 이해진을 비롯한 한국인 간부는 지진에 대한 거부감이 무척 강했습니다. 그때 모리카와가 추천한 곳이 시부야의 랜드마크가 되어 있었던 히카리에였다. 임대료는 무척 높았지만 최신의 내진 설비를 갖춘 오피스 타워라는 점을 강조해서 네이버의 승인을 받았습니다. 다만 사장이었던 모리카와가 속으로는 같은 모바일게임 사업을 하는 회사이자 히카리에에 입주한 DeNA를 라이벌로 보고 있었던 것은 틀림없습니다." [LINE 관계자]

그 DeNA가 자리 잡은 바로 위층, 오피스 타워의 27~29층이 LINE의 본사다. 특히 28층에 있는 사장실에서는 시부야는 물론 도쿄의 광대한 광경을 내려다볼 수 있다.

복도를 끼고 맞은편에 위치한 임원회의실에는 어째서인지 도쿄 중심부를 위성에서 내려다본 광경을 찍은 사진이 바닥 전체에 깔려 있었다.

시부야에서 세계로—. 마치 "여기가 일본의 IT 산업의 중심지다"라고 주장하는 것처럼, 신중호를 중심으로 LINE 간부들이 밤낮을 가리지 않고 여기서 치밀한 전략을 짜고 있는 모습이 눈에 선하다.

그러나 취재반은 이 히카리에에 있는 본사 기능에 대해서 한 가지 의문을 품고 있었다. 그것은 여기가 "진짜 본사인가"라는 근본적인 명제였다.

LINE의 본사가 여기 시부야에 회사로서 등기되어 있는 것은 의심할 여지가 없는 사실이다. 그러나 세계를 향해 파죽지세로 뻗어나가는 LINE을 취재하면서, 우리는 적극적으로 언급되지 않았던 '또 하나의 본사'에 강한 흥미를 느끼고 있었던 것이다.

⋯⋯●LINE이라 자칭하는 또 하나의 회사

그 오피스에는 'LINE'의 네 글자가 뚜렷하게 새겨져 있었다.

©NP

2016년 4월 하순, 한국의 서울시에서 남쪽으로 차를 타고 1시간 정도. 지하철 KORAIL의 서현역 근처에 있는 세련된 오피스 빌딩을 방문했다.

LINE의 모회사인 네이버 본사 빌딩 '그린 팩토리'에서 북동쪽으로 겨우 3km 정도 떨어진 근거리에 있다. 척 보기에 아무런 특징도 없는 흔해빠진 오피스 빌딩으로, 아침에는 사람들이 분주하게 드나들고 있었다. 그러나 빌딩 안으로 들어가면 1층에 'LINE'이라고 적힌 디스플레이 장식이 있었다. 엘리베이터 안에서는 기술자로 보이는 남자들이 11층에 도착할 때까지 스마트폰으로 LINE을 하고 있었다.

실은 이 오피스가 바로 LINE의 글로벌 전략에서 중핵을 담당하고 있는 100% 자회사 'LINE 플러스'다. 이 회사는 NHN JAPAN이 히카리에로 이전하고 반년 후인 2013년 2월 말에 한국 네이버와 LINE이 합병하면서 설립되었다.

주목해야 할 점은 이 회사의 CEO를 맡고 있는 인물이 'LINE의 아버지', 즉 신중호라는 사실이다. 즉 신중호는 일본의 LINE에서 국내외의 지휘를 하는 한편 한국에서도 세계 전략을 짊어지고 있는 조직을 담당하고 있는 것이다.

그리고 이 회사는 단순히 LINE의 하부조직은 아니다. 이 회사는 산하에 대만이나 태국, 미국 등의 자회사를 거느리고 있고, 전 세계에 일본의 LINE 본사(약 1000명)의 규모에 거의 필적하는 700명 가량의 사원이 재직하고 있다. [기업분석툴 SPEEDA 조사, 2014년 12월 시점]

그러나 애초에 세계 최고가 되려는 서비스의 중요 거점이 왜 본사 기능이 있는 일본이 아니라 한국에 설치되었을까? 우리가 취재한 LINE의 경영 간부는 그 이유에 대해서 다음과 같이 설명했다.

"LINE이 일본에서 전 세계로 확장되어가는 가운데, LINE 본사의 조직과 사원 규모만으로는 그 성장을 따라잡을 수가 없었습니다. 그래서 한국 측에 LINE 플러스를 설립하여 모회사인 네이버에서 자금과 인재의 투자를 받아서 해외 전개를 추진했습니다. 즉 일본과 한국의 장점을 합친 것입니다. 글로벌 전개의 스피드를 내기 위한 시책입니다."

2013년 당시 전 세계의 다운로드 건수가 3억을 돌파한 LINE은 성장 속도가 지나치게 빨랐기 때문에 일본에 있었던 LINE 본사는 주로 일본의 이용자용 서비스 개발에 급급하고 있었다. 그래서 모회사인 네이버가 해외 전개를 실행하는 리소스를 증강할 수 있도록 지원을 해주었다. 당초 LINE 플러스가 LINE과 모회사 네이버와의 합병회사로서 설립된 이유가 여기에 있다고 한다.

확실히 일본시장에서 불이 붙은 LINE의 붐은 아시아권에만 머무르지 않고 중동이나 스페인, 남미에까지 확대되고 있었다. 멀리 떨어진 해외의 국가들에 재빨리 진출한 후 각국의 통신 상황에 맞추어 기술 사양 등 로컬라이징을 진행하고, 비즈니스 찬스가 있으면 즉각

100% 자회사

NAVER
사원수 : 2390명

LINE
1019명

해외 인재, 개발 자원

100% 자회사

LINE+
사원수 : 681명

해외전략의 사령탑

- 신중호 (CEO)
- 세계 각국의 마케팅
- 지역별 조사 분석
- 현지 자회사 지휘

✉ 해외사령탑은 LINE 본사에 없다

거점을 세운다. 그렇게 높은 기동력을 발휘할 수 있었던 것은 전부 LINE과 네이버측의 신속한 조직 운용이 있었기 때문이다.

특히 한국은 인구가 약 5,000만 명이라 자국 시장이 작은 편이다. 그 때문인지 세계 최대의 가전업체인 삼성전자나 북미 등지에서 우세했던 현대자동차 등 재벌기업도 글로벌한 마케팅이 매우 뛰어나다. LINE 플러스도 그런 한국 기업의 마케팅 센스와 스피드 감각을 갖추고 있었던 것이다.

그 후 2014년 9월에 네이버의 출자가 중지되고, LINE 플러스가

LINE의 완전한 자회사가 됨으로서 이 복잡한 관계는 정리된 것처럼 보인다. 신중호가 경영을 맡은 것도 일본 측과의 관계를 보다 긴밀하게 구축하기 위해서일 것이다.

> "최종적으로는 이용자들이 국적에 관계없이 무국적 브랜드로 사용했으면 합니다. 일본 브랜드가 통하는 나라도 있고 통하지 않는 나라도 있습니다. LINE이라는 브랜드를 사랑해주길 바라기 때문에 어느 나라의 제품인지 인식하지 않게 되었으면 좋겠습니다."
>
> [마스다 준, 일본경제신문 전자판, 2013년 2월]

LINE 본사의 설명은, 분명히 틀리지 않았을 것이다. 그러나 취재를 통해서 느낄 수 있었던 것은 LINE의 '넘버원'의 존재가 교묘하게 언급되지 않았던 것처럼 LINE 플러스에 대해서도 언급되지 않은 일이 많다는 것이었다.

그것은 LINE 플러스는 LINE이 짜낸 세계 전략을 지원하는 자회사가 아니고, 오히려 LINE 플러스야말로 모든 것을 관리하는 '본체'일지도 모른다는 의문이다.

……●해외사업을 담당하는 '두뇌'

"지금까지 세계 최고가 된 아시아발 인터넷 서비스는 없다. 우리들이 실현할 수 있다고 생각한다."

[모리카와 아키라, 일본경제신문, 2014년 7월]

2013~2014년에 걸쳐서 LINE 간부들은 툭하면 "LINE을 세계의 공통 언어로", "세계 최고의 모바일 서비스" 등 창대한 목표를 소리 높여 부르짖어왔다. 누계 다운로드 건수가 2013년 7월에 2억을 돌파한 후 4개월마다 1억씩 상승하는 파죽지세의 스피드였으니 무리도 아니었다.

순조로운 다운로드 건수의 증가를 기반으로 일본에 비교적 우호적인 태국, 대만 등을 비롯하여 인도네시아, 인도, 스페인으로 차례차례 사업을 확대했다. 당시에는 이미 18개 언어로 서비스를 제공했고, 이용자가 있는 국가는 세계 200개국까지 늘어나 있었다.

LINE 홍보에 따르면 LINE 초기의 세계 시장 전개는 다음과 같이 이루어졌다.

LINE 영어판이 있는 국가에서 어떤 계기로 자연스럽게 이용자 수가 상승하면 트위터나 페이스북 등 SNS에서 정보를 발신한다. 더욱이 이용자 수가 늘어난 경우 스태프가 현지로 날아가서 시장조사 등을 하는 방식을 취하고 있었다. 그리고 잠재적인 수요가 기대될 경우에는 언어 대응을 마련한 다음, 즉시 현지에서 여러 명의 스태프가 호텔에서 장기 체재하면서 현지 기업과 제휴를 맺고 캠페인을 실시한다. 마침내 폭발적인 히트로 연결되면 오피스를 개설하고 현지의 유명인을 기용하여 프로모션을 벌이는 과정을 반복했다고 한다.

요는 "최소한의 비용, 최고속의 기동력으로 복수의 국가에서 동시다발적으로 이용자 획득을 노려왔다"(LINE 홍보)고 한다. 종래의 일본 기업이었다면 해외 진출을 꾀할 때, 우선 컨설팅 회사를 고용하여 현지 오피스를 개설하고 현지 기업과의 제공을 진행하는 방법이 많았다. 따라서 '종래의 기업과는 정반대'(LINE 홍보)인 참신한 전략을 벌여왔다고 할 수 있다.

특히 LINE의 모회사인 네이버는, NHN 시절부터 일본 시장에 침투하기 위해서 '현지화'를 가장 중요시하여 성공을 거두었다. 그런 만큼 일본 이외의 해외 전략에서도 현지의 언어나 민족, 생활권 등을 철저하게 최적화하는 방책을 취해왔던 것이다.

"기술면에서도 각국 휴대전화의 통신 환경에서 어떤 성능을 갖춘 모바일 단말기가 유행하고 있는지, 기술자들이 몇 년이나 걸쳐서 세계 각지를 떠도는 '카라반'이라고 불리는 수법을 익혔습니다. 현지의 통신카드나 휴대전화를 빠짐없이 구해서 품질 테스트를 반복함으로서 빠른 속도로 메신저나 통화가 가능해지도록 고심해왔습니다."

(LINE 홍보)

일본에서 유행한 것을 단순하게 세계 각국에서 똑같이 전개하는 것이 아니라, 현지의 환경에 커스텀화한 서비스를 구축하고자 하는 철저한 마음가짐을 엿볼 수 있다. 일본 이외에서도 대만이나 태국에서 시장점유율 1위를 획득한 것은 이렇게 기동적인 해외 전개 전략의 산물이었던 셈이다.

그렇다면 이런 해외전략이 전부 시부야 히카리에의 지휘 계통 아래서 통솔되었을까? 전혀 그렇지 않다고 본다. 반대로 해외 전개를 위해서 파견된 부대에 일본 측 LINE의 사원이 관여하는 일은 거의 없다고 봐도 좋은 레벨이라고 한다.

어느 LINE 플러스의 관계자는 그 실태에 대해서 다음과 같이 말한다.

"특히 초기 단계에서 여러 나라에 파견된 것은 한국 LINE 플러스 측의 인재였습니다. 플러스는 신중호 씨가 각국에서의 전개 미션을 내리면 쏜살같이 현지로 날아갔습니다. 제휴가 구체화되면 신중호 씨도 와서 즉시 결제를 했습니다. LINE 플러스는 지원이 아니라 의사결정을 담당하고 있습니다."

LINE 플러스는 단순히 해외 마케팅만이 아니라 LINE에서도 최고 글로벌책임자CGO를 맡은 신중호의 아래서 해외 전략 자체를 결정하고 수행하는 주역을 담당하고 있었다. 계속해서 취재를 해나가자 플러스가 가진 힘의 원천까지 보이기 시작했다.

⋯⋯●태국에서 일어난 '신기한' 기자간담회

> "LINE이 태국 시장에서 안착할 수 있었던 것은 철저하게 태국 문화의 관점에서 서비스를 개발했기 때문입니다. 향후로도 현지화localization를 넘어 문화화culturalization한 서비스로 글로벌 시장에 힘을 쏟아가겠습니다."

2016년 5월 3일, LINE은 태국 방콕에서 기자간담회담회를 열었다. 세계 2억 1,860만 명의 월간 이용자를 자랑하는 LINE이 높은 시장점유율을 가진 전략 시장 4개국(일본, 대만, 태국, 인도네시아) 중 하나가 태국이다. 태국에서는 인구 6,700만 명 중 약 절반, 스마트폰 이용자의 약 80%에 해당하는 300만 명이 이용하고 있다.

2015년 11월에는 4년 동안 구글의 태국 지사장으로 근무했던 아리야 바노미옹을 헤드헌팅했다. 그리고 현지 법인인 'LINE 태국'은 메신저 애플리케이션만이 아니라 다양한 서비스를 전개하기 위해서 박차를 가하고 있다.

"일단은 '식배달 서비스'에 집중하지만 이것은 태국 시장
에 있어 물류 배송 올인원 서비스로 발전할 것입니다."

(아리야 바노미옹 LINE 태국 대표)

현지의 LINE 관계자에 따르면 태국 오피스는 사원이 급증해서 이미 200명을 돌파했다. IT 산업뿐만 아니라 일류 컨설팅 회사 등 다양한 출신의 인재를 차례로 영입하여 마케팅을 강화하고 있다고 한다.

이 날의 발표에서는 녹색 유니폼을 입은 오토바이 운전수가 상품을 배송하는 태국 시장만의 독자적인 서비스인 'LINE 맨'에 음악 사업이나 결제 사업 등을 포함한 태국 사업에 더하여, 세계 230개국에서 전개하는 LINE의 글로벌 전략이 자세하게 설명되었다.

하지만! 그렇게 중요한 기자간담회담회는 이번에도 한국 미디어만을 대상으로 열렸다. 그리고 거기에는 글로벌 전략을 관할하는 신중호의 모습도 있었다.

"미국 등의 거대한 시장에서, 규모의 경제에서 살아남는
것은 불가능할 것이다."
"각 시장에 맞는 '문화화' 전략을 통해서 서비스를 준비하
면 서구 시장에서도 반드시 찬스가 있을 것이다."

2016년 5월 5일자 중앙일보 등의 한국 미디어에 따르면 신중호

는 이런 말들을 했다고 한다. 하나 같이 일본에서 열린 기자발표회에서는 밝혀지지 않은 내용이다.

여기서 중요한 것은 한국 미디어만을 초대했다는 점이 아니다. 오히려 미디어의 보도를 포함해서 명백해진 것은, 한국 측에서는 LINE '현지화'의 성공 사례로서 일본과 태국을 동렬로 보고 있다는 사실이다.

다시 말해서 LINE이라는 일본발 서비스가 태국에서 성공하고 있는 것이 아니라, 한국 네이버가 '일본 시장'에서 성공시킨 LINE을 태국에도 침투시키려고 하고 있다는 의미이다. 그리고 그 중심에 있는 것이 LINE 플러스인 것이다.

우리는 취재 과정에서 태국에서 LINE의 관계자와 접촉하는데 성공했다. 이 관계자는 LINE 플러스의 내부와 외부에 보여주는 표정의 차이에 대해서 말했다.

> "내부에서는 LINE 플러스가 LINE 사업의 해외 마케팅 업무만 담당하고 있는 것처럼 되어 있지만, 실제로는 글로벌 전략이나 해외에 진출할 때 예산과 인원을 포함하여 모든 것을 관리하는 것이 LINE 플러스입니다. 해외의 현지 법인이 일본의 LINE 본사에 무언가를 보고하는 경우는 게임 몇 가지를 제외하고 거의 없습니다. 반대로 LINE 본사는 일본 시장에 특화된 조직이라고 생각하는 편이 옳습니다."

또한 LINE의 모회사인 네이버와 LINE 플러스의 밀접한 관계가 낳은 복잡한 권력 구조에 대해서도 상세한 증언을 얻을 수 있었다.

"아마도 한국 측은 LINE 플러스 같은 회사는 존재하지 않는다, 혹은 권력이 전혀 없는 조직이라고 믿어주길 바랄 겁니다. 하지만 실제로는 LINE 플러스의 사원들은 다른 회사에는 없는 특권을 가지고 있습니다. 그들은 본가인 네이버의 사내 정치를 속속들이 알고 있단 말입니다. 참으로 기묘한 조직입니다."

다시 말해서 LINE의 자회사이면서 글로벌 전략에서는 LINE 자체를 능가하는 파워를 가진 조직. 그것이 바로 LINE 플러스인 것이다. 오히려 LINE 플러스 자체가 모회사인 네이버와 거의 동격이라고 말할 수 있는 것은 아닐까?

물론 일본의 LINE 간부들이 LINE 플러스가 책정하는 글로벌 전략에 전혀 관여하지 않은 것은 아니지만, 이것을 고려하면 LINE이 내세우는 세계 전략의 실태도 조금은 다르게 보일지도 모른다.

⋯⋯● '+ 플러스'에 담긴 의미

한국 측에서 LINE을 전 세계로 전도하는 역할을 짊어진 'LINE 플러스'. 어째서 글로벌 전략을 다루는 이 조직에 LINE 플러스라는 이름을 붙인 것일까? 이 질문을 LINE의 CSMO인 마스다 준에게 던져보았다.

"일단 LINE KOREA라는 회사명은 아니라고 생각했습니다. 당시 LINE에게 한국 시장은 그렇게 매력적인 곳이 아니었습니다. 하지만 LINE KOREA라고 지으면, 그 조직이 한국 시장을 담당한다는 이미지가 생겨버립니다. 좀 더 LINE 본사와 일체감이 있는 뉘앙스를 낼 수 없을지 사명의 후보를 몇 가지 검토했습니다. LINE 글로벌이나 LINE 인터내셔널 같은 이름도 부상했습니다.

실은 사내에 이미 'LINE+'라는 코드네임이 있었습니다. 2012년에 발표한 LINE의 플랫폼 전략을 세울 때 사내에서 붙였던 프로젝트의 이름이 LINE 플러스였습니다.

거기서 LINE 플러스를 사명으로 삼으면, 'LINE+대만', 'LINE+인도네시아' 등 해외의 국명과도 매치하기 쉽습니다. LINE+부터 각국에 로컬라이징하려는 마음을 담아서 사명을 결정한 것으로 기억합니다. 그렇게 간간악악侃侃諤諤(옳다고 믿는 것을 거리낌 없이 직언하는 일. 기탄없이 논의함)한 의논은 이루어지지 않았습니다."

일본 시장에서 성공한 LINE이 세계 시장으로 뛰어들기 위해서는 모회사인 네이버가 있는 한국 측의 협력은 빼놓을 수가 없다. 그래서 한국 시장만이 아니라 글로벌 사업을 담당해 나가는 역할을 명칭으로 표현해가던 와중에 태어난 것이 LINE 플러스였다고 한다.

다만 서비스 사업을 담당한 일본 측과 마케팅을 담당한 한국 측의 역할 분담을 일부러 설정하지 않았다고 강조했다. 구미 서비스와 대항하기 위해서는 아시아형의 싸움법이 필요했다고 한다.

"그 부분은 일본과 한국을 명확하게 나누지 않았습니다. 마케팅 센스란 사람마다 다른 법이니까요. 일본에도 해외 사업에 성공하고 있는 기업은 있습니다. 다만 서로의 나라가 처해 있는 비즈니스 환경에는 차이가 있습니다. 줄곧 일본 국내에서 일한 사람은 역시 일본 시장에 대한 의식이 강합니다. 그것이 뛰어난 사람이 일 잘하는 사람이 됩니다.

한국은 국내 시장이 작기 때문에 많은 사람이 해외로 나가 거기서 성장하고 있습니다. 그것이 양국의 커다란 차이입니다. 그런 차이를 서로 보완할 수 있는 것이 아시아 기업인 LINE의 강점입니다.

영어권의 글로벌 기업에 대항하려면 아시아 기업으로서 우리 각각의 개성과 장점을 좀 더 발휘하는 것이 중요하다고 생각합니다."

LINE에게 이 '아시아 기업'이라는 의식은 중요한 아이덴티티다.

그렇나 조금만 깊이 취재해 보면 플러스라는 명칭으로 결정하기까지, 아니나 다를까 일본 측과 한국 측 사이에 상당한 우여곡절이 있었던 모양이다. 한때는 'LINE KOREA'라는 명칭이 도마 위에 오르내린 것은 분명하지만 모회사인 네이버 측에서 싫어했던 모양이다.

> "한국 측 입장에서 보면 모회사는 네이버이고, 일본보다 '밑'으로 보이는 사명은 피하고 싶었을 겁니다. 그런 의미에서 LINE 플러스라는 이름은 한국 측에게도 밑이라는 느낌을 주지 않고, 일본 측으로서도 자신들이 LINE의 중심이라는 스토리를 부수지 않아도 됩니다. 양측의 체면을 유지할 수 있는 절묘한 답이라고 할 수 있었습니다."

어느 LINE의 간부는 이름의 결정의 경위에 대해서 이렇게 밝혔다.

·····●일본에서도 발호하는 '플러스계'

그러나 이걸로 LINE 플러스를 둘러싼 수수께끼가 전부 풀린 것은 아니다. 역시나 글로벌 전략 자회사에 머무르지 않고 거대한 영향력은 점점 늘어나고 있다. 마침내 그 파워는 일본 측 LINE이 전개하는 서비스에까지 미치기 시작한 모양이다.

> "사내에서는 '플러스계'라고 불리고 있습니다." (LINE 관계자)

예를 들어 '디즈니 츠무츠무'나 'LINE POP' 등의 히트작을 낳고 LINE의 연결 매상액의 30% 이상을 차지하는 중핵의 게임 사업. LINE은 게임 회사였던 구 NHN JAPAN의 인재는 물론 다양한 일본계 게임회사로부터도 인재를 영입하고, 스퀘어 에닉스나 세가 게임즈 등의 유명기업과 협력하여 일본 시장을 공략한다는 게임 전략을 선언했다.

실제로 디즈니 츠무츠무는 일본의 LINE 본사가 일본 월트 디즈니 재팬과 LINE에서 분사分社한 일본의 NHN 플레이아트의 2개사가 협력하여 낳은, LINE 게임의 최대 히트작으로 5,000만이 넘는 다운로드 건수를 자랑한다.

그러나 디즈니 츠무츠무를 제외하면 히트작 게임의 대부분은 LINE POP이나 LINE 레인저 등 LINE의 공식 캐릭터를 사용한 작품이 차지하고 있다. 그리고 이 공식 캐릭터들이 등장하는 게임의 대부분을 개발한 회사가 LINE 플러스라는 사실은 그다지 알려지지 않았다.

게다가 LINE의 신작 게임을 결정할 때도 LINE 플러스의 영향력이 크다. LINE의 게임은 LINE이 출판처가 되어 '2개월마다 1편'(LINE 관계자)의 페이스로 신작을 발표해왔지만, 어느 시기부터는 신작 게임을 결정하는 회의에 매번 LINE 플러스의 담당자가 일본까지 와서 참가하기 시작했던 것이다.

"회의에서는 매월 10개 정도의 신작을 제안하지만, 그에 앞서서 매번 LINE 플러스측에서 5개 정도의 제안이 보내

져옵니다. 한편 일본 측에서는 각국의 게임 회사와의 제휴를 담당한 팀이 3~4개를, 일본 국내 영업도 1개 제안합니다. 그 중에서 월간 5억 엔 이상의 매상을 올릴 만한 히트작을 선별하는 것인데, LINE 플러스가 제안한 게임은 대부분 통과됩니다."(LINE 관계자)

LINE 플러스는 더 이상 해외의 마케팅에만이 아니라 일본의 LINE이라는 중핵 사업에도 커다란 결정권을 가지기 시작했다는 것을 알수 있다. 실제로 2013년에 분사(分社)한 NHN 엔터테인먼트 등 한국 게임 회사의 뛰어난 개발자들이 LINE 플러스에 모여서는, 한국에서 한발 앞서 유행하고 있는 카카오톡의 게임 등을 일본용으로 로컬라이징해서 일본에 전송하고 있다. 이 게임들은 실제로 회의에서 채용될 확률이 높고, 일부에서는 전술한 것처럼 '플러스판'으로 불리고 있다고 한다.

"물론 일본 측에도 프라이드가 있으므로 훌륭한 게임을 계속 제안해왔습니다. 하지만 LINE 플러스의 사람들은 기합이 엄청나서 자신들이 게임을 제안할 때는 신중호 씨에게도 동시에 메일을 보냅니다. 무척 정중한 문장이라서 기분이 나쁜 것은 아니지만 신중호 씨가 알고 있다는 무언의 압력이 느껴지는 것도 사실입니다. 결과적으로 한때는 플러스가 제안한 게임의 비율이 40% 정도가 되기도

했습니다."(또 다른 전 LINE 관계자)

또 일본에서 서비스를 개시한 게임작의 수치 분석도 일본의 게임 사업부와는 별도로 LINE 플러스가 전용 툴로 분석해서 신중호에게 보고했다고 한다. 이밖에 일본의 게임 사업부를 위해서 한국의 게임에 대한 강습회를 여는 일도 있다.

> "처음에는 LINE 플러스가 멋대로 수치 분석 등을 하고 있
> 다고 생각했지만, 저쪽에서 보기에는 이쪽이 멋대로 하고
> 있다고 생각했을지도 모릅니다. 본체가 어느 쪽에 있는지
> 알 수 없는 상태였습니다."(전 LINE 사원)

'역전'이라고도 말할 수 있는 LINE 플러스와 LINE 본사의 이런 현상은 게임 사업에만 한정된 일이 아니다. 예를 들어 2014년 11월에 시작된 음식 배달 등의 대행 서비스 'LINE WOW'(2015년에 종료). 이 서비스는 한국 시장에서 서비스를 확대한 애플리케이션 개발회사와 함께 일본에 도입되었는데, 여기에도 LINE 플러스가 관계하고 있었다는 지적이 있다.

> "명백하게 비합리적인 사업인데도 어째서인지 일본에서
> 채택하는 겁니다. 다른 부서에 있어도 사원들은 대략 어
> 느 사업이 LINE 플러스 등 한국 측에서 '끼워 넣은' 서비스

인지 알 수 있었습니다."(LINE 관계자)

그리고 LINE 플러스의 권한은 사업적인 결정권만이 아니라 인터넷 기업의 근간에까지 미치고 있다.

·····●빅 데이터를 건드리지 않는 일본인

LINE이라는 화려한 메신저 앱은, 보이지 않는 곳에서 어마어마한 수의 트래픽을 처리하고 있는 인프라 부분의 운용에 달려있다고 해도 과언이 아니다. 전 세계의 2억 1,860만 명을 넘는 이용자가 스티커를 누를 때마다, LINE이 운영하고 있는 거대한 데이터 센터를 통해서 상대방에게 메시지가 도착하는 구조이기 때문이다.

언제, 어디서, 누가, 어떻게 LINE에서 커뮤니케이션을 하고 있을까? 이런 코어 데이터를 분석한다는 말은, 24시간 365일에 걸쳐 서비스를 안정되게 운용하는 시스템 부분만이 아니라 LINE에서 운용하는 온갖 서비스와 광고 같은 것을 지탱하는 데이터를 직접 다룬다는 말이다.

현대식 말로 하자면 사람들의 커뮤니케이션 때문에 태어난 방대한 '빅 데이터'를 취급하는 시스템의 심장부에 관련된 업무다. 그리고 LINE의 이런 인프라 부분이나 데이터 분석 같은 영역의 대부분을 LINE 플러스가 책임지고 있다는 사실을 알고 있는 사람은 적다. 어느 LINE 플러스가 관계자는 이렇게 말한다.

"글로벌 서비스로 성장한 LINE 내부에서도 기술적으로 가장 코어해진 것이 빅 데이터를 다루고 있는 부문입니다. 네이버 자체가 검색 서비스를 주력으로 삼는 회사라서 그런 인프라 분야에 뛰어난 기술자들을 많이 보유하고 있었습니다. 더욱이 LINE 플러스가 한국에 있기 때문에 LINE의 인프라 부분의 중핵 기술을 책임지고 있는 것은 거의

이름		직함
이데자와 다케시	대표이사	사장 CEO
신중호	이사	CGO
마스다 준	이사	CSMO
이해진	이사	회장
황인준	이사	CFO
박의빈	상급집행임원	CTO
이케베 도모히로	상급집행임원	서비스개발 담당
양희찬	상급집행임원	Data Labs 실장
양석호	상급집행임원	LINE개발1실장
다바타 신타로	상급집행임원	법인사업 담당
시마무라 다케시	상급집행임원	커머스 미디어 담당
박영희	집행임원	IT 서비스센터장
김대석	집행임원	크리에이티브센터장
사사키 다이스케	집행임원	엔터테인먼트사업부장
이나가키 아유미	집행임원	LINE기획실장
스기모토 겐이치	집행임원	비즈니스플랫폼사업실장
모리 히로시	집행임원	LINE콘텐츠사업부장
정연희	집행임원	LINE게임사업부장
나카야마 다케시	집행임원	CPO/CISO
기고간	집행임원	재무경리실장
오치아이 노리타카	집행임원	인사담당
이즈하라 가쓰히토	집행임원	내부감사실장

✉ LINE 아시아 간부들의 면모

LINE 플러스의 기술자들입니다. 일본 측의 엔지니어는 LINE에서 전개되는 서비스나 애플리케이션을 담당하고 있지만 가장 중핵이 되는 데이터에는 접근하기 어렵다는 것이 실정입니다."

실제로 한국에서 취재할 수 있었던 LINE 플러스의 관계자도 이런 인프라 부분을 연구개발하는 연구실도 LINE 플러스가 소유하고 있다고 증언했다. 이런 실정을 뒷받침하는 것처럼 LINE 본사 경영진의 포진을 살펴보면 일본 측과 한국 측의 그런 역할 분담에 대해서 이해할 수 있는 힌트가 있다.

이번 취재를 통해서 NewsPicks 편집부는 지금까지 사외 비공개였던 경영간부의 리스트를 입수했다(2016년 5월 시점). 그 면모를 살펴봐주기 바란다.

조직의 맨 위에 있는 사람은 CEO 이데자와 다케시이고, 그 밑으로 전략가로서 알려져 있는 CSMO 마스다 준이 있다. 그리고 보면 알 수 있듯이 일본인 임원들이 주로 담당하고 있는 것은 LINE이 일본 시장에서 전개하고 있는 뉴스나 동영상, 광고 같은 서비스나 비즈니스 분야가 중심이다.

한편 몇 번이나 소개한 CGO 신중호는 LINE의 장래를 크게 좌우하는 글로벌 전략을 담당하고 있다. 더욱이 상장과 관련된 모든 것을 처리하는 재무 부문만이 아니라 데이터 인프라 등을 포함, LINE의 근간에 있는 시스템이나 인프라와 관계된 기술을 통합하는 것은 전부 네이버 출신의 한국 측 임원들이다.

양측은 서로 LINE이라는 거대한 서비스에서 차의 양축이라는 일도 가능하다. 다만 일진월보日進月步, 날로 달로 끊임없이 진보, 발전함로 진화하는 테크놀로지 분야의 심장부를 담당하고 있는 것이, LINE 플러스라는 의미는 이 회사를 이해하는데 빼놓을 수 없을 것이다.

……●서양에서 지고 아시아에서 이기다

미국 헐리우드의 상류층 파티에서 LINE 캐릭터가 현지의 톱 모델과 어깨를 나란히 한다—. LINE이 펼친 화려한 '마케팅 생활'은 당분간 빛을 보는 일은 없을 것 같다.

LINE이 '세계 최고'를 전면에 내걸었던 2014년 8월, 미국에서는 LINE이 스폰서를 맡은 화려한 파티도 열리고 있었다. 신진 모델들이 모이는 패션 이벤트에서 곰인 브라운이나 토끼인 코니 등 LINE의 캐릭터가 인형옷 차림으로 마케팅 활동을 전개하고 있었던 것이다.

그것은 세계 엔터테인먼트의 중심지에 뛰어들어 북미라는 거대시장에 LINE을 '전도'해 간다는 전략이었다. LINE과 LINE 플러스는 2013년 무렵부터 미국 시장을 본격 공략하기 위하여 독자적인 TV CF 등을 방송하는 마케팅 전략을 본격적으로 전개하고 있었다.

"한국 측 예능 프로덕션의 커넥션을 이용해서 할리우드나
뉴욕으로 진출할 계획이었습니다."(LINE 관계자)

더욱이 일본의 히트 게임인 '디즈니 츠무츠무'를 전개하거나 미국의 인기 가수에게 LINE의 공식 어카운트를 만들게 하는 등 대대적인 캠페인을 펼치고 있었다. 그 밖에도 당시 스페인에서 이용자가 크게 확대되고 있던 것을 배경으로 히스패닉계 주민을 조준한 광고를 내는 등 이런저런 방법을 시험하고 있었다. 그러나 고액의 마케팅 비용이 늘어나는 반면 성과는 그다지 바람직하지 않았다.

"돈을 쓰면 순간적으로 이용자 수를 늘릴 수 있을지 몰라도 돈을 끊으면 단숨에 떨어져 나갑니다. 이용자를 유지하기가 불가능했습니다. 뿌리를 내리는 것으로 이어지기보다는 일시적인 프로모션으로 끝났습니다."라고 한국의 IT 기업 간부가 밝혔다.

그런 고생은 데이터에도 나타나있다. 조사회사 앱 애니에 따르면, 미국에서는 2013년 여름부터 총 4회에 걸쳐서 랭킹 10위권 안에 입성한 직후 급강하하는 승강 상태를 반복했다. 마찬가지로 한때는 계속해서 톱 랭크에 들어갔던 스페인에서도 서서히 감퇴했다.

"어느 시기가 되자 구미시장의 사업이 단숨에 정지했습니다. 각국에서 업무 제휴 등의 오퍼가 있어도 대응하지 못하게 되었던 것입니다. 패인 중 하나는 해외 거점에 신중호 씨의 측근이 자꾸 파견된 탓이라고 생각합니다. 현지 시장을 개척하는데 적당한 인재보다 간부 자리를 마련했다는 측면이 있었을지도 모릅니다"고 해외 사업에 정통한 관계자는 말한다.

실제로 2014년에는 LINE 플러스와 함께 전 세계를 날아다녔던 신중호가 2015년에는 일본으로 돌아와 각종 프로젝트를 다시 지휘하기 시작했다. 한편 아시아 시장에서는 지금까지 열심히 씨를 뿌린 성과가 여실하게 나타났다.

현재 LINE이 승자로서 군림할 가능성이 높은 시장은 아시아 4개국(일본, 대만, 태국, 인도네시아)다. 일본과 대만에서는 이미 1위를 획득하여 국민적인 앱이 되었고, 태국에서도 월간 이용자수가 7억 명을 넘는 중국의 '위챗微信'과의 경쟁에서 이겼다. 현재는 약 2억 4,000만 명의 인구를 가진 인도네시아 시장을 장악하고 있다.

그 때문에 현재 수익최대화는 물론 이 4개국에서 얼마나 독점적인 지위를 구축할 있는지가 LINE의 초점이 되어 있다. 2016년 5월 시점에서 전 세계 LINE의 월간 이용자 수 2억 1,860만 명 중 약 70%는 이 4개국이 차지하고 있고, 그 외의 나라에서는 이용자 수가 하락 경향을 보이고 있다.

"해외 전략이라는 의미로는, 실은 작년부터 크게 방향을 전환하고 있습니다. '전 세계로 진출한다'는 방향성을 작년부터는 아시아로 포커스를 바꾸고 있습니다. 물론 전 세계로 나가겠다는 꿈은 버리지 않았지만 마케팅 리소스의 효율성을 고려하여 아시아에 포커스를 맞추고 있습니

다. 그리고 우리가 노리고 있는 아시아에서는 성장하고
있습니다."

2016년 4월, 마스다는 그와 같이 말했다.

특히 LINE이 추구하는 목표는 메신저만이 아니라 다양한 콘텐츠
와 오프라인 서비스를 앱으로 통합하여 사업화하는 '스마트 포털'이
다. 경합 앱과의 보완성은 약하고, 단독으로 압도적인 시장점유율을
차지하는 것이 성패를 가르는 구조라고 할 수 있다.

그러기 위해서 LINE은 현재의 마케팅 비용이나 인재를 이 4개국
에 집중적으로 투하하기로 전략을 전환했다. 반대로 미국의 왓츠앱
Whatsapp 등 경합 서비스가 강한 구미 시장에서는 TV CF 등 대대적인
마케팅은 중지했다고 한다.

······●왕자 왓츠앱의 아성

그러나 스마트폰의 보급과 더불어 지구상의 각 나라에서 LINE을
포함한 메신저 앱의 승자가 정해져 있지 않은 지역은 점점 줄어들고
있다.

목하 동서양을 막론하고 세계지도를 가장 많이 점령하고 있는 메
신저 앱의 왕자는 왓츠앱이다. 세계적으로 약 10만 명의 월간 이용
자를 자랑하는 왓츠앱이 탄생한 것은 2009년 5월. 왓츠앱의 역사가

바로 세계 메신저 앱의 진화 역사라고 해도 과언이 아닐지도 모른다.

왓츠앱은 LINE을 포함한 메신저 앱의 원조다. 이 서비스가 탄생한 배경에는 독자적인 휴대전화(피처폰)이 보급되었던 일본과는 달리, 구미에서는 스마트폰이 등장하기 이전의 휴대전화에 도코모나 au 같은 메일이 없어서 메시지의 송수신에 거의 유료의 쇼트 메신저 서비스SMS가 사용되었기 때문이다.

전화번호로 보내는 SMS의 송수신에는 비용이 든다. 요금은 나라마다 다르지만 1회당 수십 센트라서, 1개월간 사용하면 상당한 금액이 되기 때문에 당시에는 메시지의 양을 조절하는 이용자도 많았다. 그러나 스마트폰의 급격한 보급이 이 상황을 일변시켰다.

왓츠앱이 전 세계에 침투할 수 있었던 이유는 이 SMS를 대신할 서비스로서, 국경 및 iPhone이나 안드로이드 같은 기본 소프트OS나 휴대기종의 벽도 없이 이용할 수 있는 덕분에 폭발적인 인기를 누리게 되었기 때문이다.

사실 왓츠앱은 애초에 메신저 앱으로서의 기능이 아니라, 영어 'What's up 뭐 해?'에서 따온 이름처럼 자신이 무엇을 하고 있는지, 즉 상황status을 친구끼리 서로 알리기 위한 것이었다. 그러나 이용자들이 메시지의 송수신에 이용하게 되면서 자연스럽게 메신저 앱으로 진화한 것이었다.

	1	2	3	4	5
일본	LINE	f		S	TALK
대만	LINE	f			
태국		LINE	f		
인도네시아			LINE	f	
한국	TALK	f		LINE	
중국					
미국		f		kik	S
영국			f		kik
독일			f		
스페인			f	S	
브라질				f	S
나이지리아		f		imo	

*2016년 5월 6일 시점 출처 : 조사회사 앱 애니의 데이터를 기초로 작성

✉ 메신저 앱의 국가별 랭킹

"지구 반대편에 있는 사람에게 순식간에, 그것도 항상 가지고 다니는 디바이스로 메시지를 보낸다는 것은 무척 매력적이었다"고 야후 출신의 왓츠앱 창업자인 얀 코움Jan Koum은 훗날 미국 잡지 포브스의 취재에서 밝히고 있다.

당초에는 이용 2년째부터 연회비로 99센트를 징수하여, 박리다매의 시스템을 취하고 있었다. 하지만 2014년 2월에 페이스북이 190억 달러에 인수한 다음 각국에서 더 많은 이용자를 모으기 위하여 2년째의 과금을 철폐했다. 완전히 무료서비스로 전환한 덕분에 현재는 구미 각국을 중심으로 세계 각지에서 압도적인 시장점유율을 차지하고 있다.

"우리들 사이에서는 왓츠앱의 어카운트가 없으면 존재하
지 않는 것이나 마찬가지죠." (영국에 거주하는 IT 애널리스트)

왓츠앱의 탄생과 그 후에 거둔 대성공을 보고, 아시아 각국에서도 메신저 앱이 탄생했다. 먼저 2010년 3월에 탄생한 한국의 카카오톡. 그리고 2011년 1월에는 중국의 위챗, 6월에는 LINE 순으로 각각 자국 시장을 중심으로 독점적인 강점을 자랑하고 있다.

그러나 월간 이용자 10억 명의 왓츠앱, 7억 명의 위챗과 숫자를 비교해보면 알 수 있듯이 이용자가 2억 명 남짓인 LINE은 선배들의 아성을 무너트리지 못했다.

왓츠앱이 왕자로서 군림하는 가운데, 아시아에서 뿌리를 내린 LINE 등 메신저 앱의 특징은 번들화다. 메신저는 물론 음악, 영상, 뉴스, 택시 수배, 모바일 결제까지 온갖 기능을 하나의 메신저 앱에 통합시켰다는 것이 가장 큰 특징이다. 저렴한 안드로이드 OS의 이용자가 많고, 하나의 앱으로 다종다양한 서비스를 받을 수 있어서 스마트폰 본체의 메모리 공간을 절약할 수 있다는 것도 합리적이다.

특히 페이스북의 앱 '메신저'는 후발주자지만, 스티커 등 아시아발 기능을 경합에 도입하면서 세력을 급속히 확대하여 월간 8억 명의 이용자를 보유하기에 이르렀다. 아시아권에도 페이스북의 이용자가 많고, 동서양을 막론하고 세력권을 넓히고 있기 때문에 LINE으로서는 무시하기 힘든 경합 상대가 되고 있다.

탄생한지 약 5년이 경과하여 상장을 앞둔 LINE이지만, 그 경쟁 환경은 과거처럼 소박하게 '세계 최고'를 목표로 삼던 시절과는 판이하게 다른 양상을 보이고 있었다.

·····●플러스가 개발한 신병기 'B612'

LINE은 왓츠앱의 아성을 무너트리지 못했지만 이미 경합에서 밀렸다고 해서 시장을 포기한 것은 아니었다. 세계 전개를 향한 최고의 광명이 바로 사진 앱 'B612'다.

스마트폰을 이용한 '셀카'에 특화된 서비스인 B612는 2014년 8월에 공개되자, 순식간에 각국에서 이용자 수가 늘어나 2016년 3월에는 다운로드 건수가 누계 1억 5,000만 건을 넘어섰다. 일부러 LINE이라는 이름을 붙이지 않고 투입한 이 앱은 남미나 동유럽 등 LINE이 시장점유율이 비교적 떨어지는 국가에서도 젊은이들 사이에서 지지를 받고 있고, 2015년에는 세계 3대 디자인상의 하나인 독일의 '레드닷 디자인 어워드'에서 최고상을 수상했을 정도다.

경합 상대이기도 한 페이스북이 산하의 사진 공유 서비스 '인스타그램Instagram'을 새로운 성장 엔진으로 삼고 있는 것처럼 LINE도 스마트폰을 통한 커뮤니케이션의 새로운 포트폴리오를 모색하고 있다. LINE과는 다른 경로로 세계 각국에 뿌리를 내리고, 새로운 서비스 전개의 첨병으로 삼는다는 작전이다.

다만 LINE의 이름으로 제공되고 있는 이 앱 역시 개발을 담당하고 있는 것은 한국 측의 LINE 플러스다. LINE은 아시아를 제압했지만 다음 히든카드가 될 제품은 아무도 모르는 한국의 '또 하나의 본사'에서 만들어지고 있는 것이다.

칼럼 / LINE의 공식 캐릭터를 발명한 한류작가

전 세계에서 월간 2억 1,860만 명의 LINE 이용자들이 밤낮을 가리지 않고 커뮤니케이션에 사용하고 있는 도구가, 바로 스티커다. 1일 송수신 건수의 과거 최고 기록이 27억 회에 달하는 등, 스티커는 현재 일본만이 아니라 국경을 초월한 만국 공통의 '언어'가 되었다.

2014년 5월부터는 일반 이용자도 자작 스티커를 판매할 수 있게 되었다. 현재 전 세계에서 합계 23만 세트 이상이 팔렸고, 그 판매총액은 89억 4,600만 엔(2015년 5월 시점)에 이른다. 세계 최대의 SNS인 페이스북도 스티커의 열광적인 인기에 당황해서 비슷한 스티커 기능을 추가한 것은 주지의 사실이다.

LINE이 급성장하는 기폭제가 된 스티커. 그 상징이라고도 할 수 있는 LINE의 오리지널 공식 캐릭터를 고안, 그리고 있는 사람은 한국인 일러스트레이터 강병목(통칭 mogi)이다. mogi 역시 이번 장에서 다룬 'LINE 플러스'에 소속되어 있다.

mogi는 1979년 생. 일러스트레이터로서 미국 뉴욕과 일본에서 생활하면서, 거기서 얻은 경험을 화풍에 녹여내고 있다. 먼저 2011년에 LINE 스티커로 일본 시장에서 이용자들의 마음을 사로잡았다.

그리고 대만, 태국, 인도네시아에서 중동과 남미까지―. 전 세계의 다양한 나라와 문화에 용해되어 이용자를 늘리려는 LINE이 세계 각국에서 전개하는 로컬라이징 전략을 이해할 수 있는 힌트도 이 스티커에 담겨있다.

본인의 지명도는 결코 높지 않지만, LINE 캐릭터의 발명자로서 아는 사람은 아는 존재가 되었다. "전 세계의 이용자가 사용하고 있으며, 사인을 요청받을 때도 많은 모양입니다." (LINE 사원)

인터넷 사이트에 게재되는 만화 '웹툰'은 한국에서는 대단히 인기가 높은 콘텐츠다. LINE의 사원이 되기 전의 mogi는 가끔 소속 회사를 바꿔가면서, 코미컬하고 초현실적인 일러스트와 웹툰을 비롯한 다양한 장소에서 발표했다.

2009년에는 자신의 체재기를 책으로 낼 생각으로 미국의 뉴욕 등지에서 반년 동안 생활했다. 미국의 스트리트 풍 차림을 한 캐릭터들은 현지 생활에서 본 광경에서 많은 영감을 받아서 만들어냈다고 한다.

뉴욕 체재 1개월을 기념하여 직접 스테이크와 야채를 굽는 등 현지의 생활을 즐기고 있었던 모양이다. 또 현지에서는 미국의 톱 스타였던 고故 마이클 잭슨 같은 연예인의 일러스트도 그렸다. mogi의 작품은 시민의 생활상이 진하게 배어나온 독특한 색감이나 콘트라스트가 인상적이다. 곰 브라운이나 토끼 코니 같은 LINE의 오리지널 스티커 중 인기 캐릭터들의 대중적인 분위기와 이 무렵의 화풍은 아직도 다른 점이 많다.

그리고 LINE이 탄생하기 전년인 2010년, 한국 네이버의 자회사인 네이버 재팬(당시)에 입사. 커뮤니티 사이트인 'NAVER cafe' 등, 회사의 서비스에 필요한 일러스트를 그리고 있었다. 작품 속에는 일본의 무더위에 지쳐서 빨리 겨울이 되길 원하는 자신의 기분을 표현한 것도 있다.

mogi의 작품에는 일본 만화의 영향을 받았다고 생각되는 것도 많다. 예를 들면 소년만화『북두의 권北斗の拳』의 주인공 켄시로의 패러디로 독자의 웃음을 유발한다. 자신의 블로그에도 어릴 적에『오소마츠군おそ松くん』(아카츠카 후지오赤塚不二夫 작) 등의 일본만화를 몇 번이고 반복해서 읽었다고 적었다. 그 밖에도『매일 엄마毎日かあさん』(사이바라 리에코西原理恵子 작),『마스터 키튼マスターキートン』(우라사와 나오키浦沢直樹 작) 등도 좋아하는 작품이었던 모양이다. mogi는 일본의 만화 문화에서 많은 것을 흡수했을지도 모른다.

일본의 한자 등 문자의 조형에도 흥미가 있는 모양이다. 2011년 3월 11일에 동일본대지진이 발생했을 때는 일본에 있었던 것으로 보이며, 부흥을 기원하는 일러스트도 그렸다.

mogi가 그리는 캐릭터는 귀엽다는 이유로 팔리는 것이 아니다. 오히려 인간의 표정을 유니크하게 강조한 그림이다. LINE 이용자들의 희로애락을 표현하는 스티커로는 그런 작풍이 이용자들을 더 '빠지게' 만들 것이라고 판단한 것이다.

LINE이 스티커 기능을 추가한 것은 서비스를 개시하고 약 4개월 후인 2011년 10월. 일러스트레이터 4명의 작품이 후보작으로 선정되고, 다양한 연령대의 이용자를 대상으로 사전조사를 반복하며 내부 검토가 진행되고 있었다.

사내에서는 mogi의 스티커에 대하여 찬반이 엇갈리고있었다. 주요 이용자로 상정되어 있던 20~34세의 여성에 해당하는 여사원들로부터도 비판을 받은 적이 있었다고 한다. 하지만 판매 직전까지 계속된 조사에서 여고생들의 압도적인 지지를 받은 것이, 최종적으로 스티커로 선정되는 결정타가 되었다.

오리지널 스티커를 제작하는 과정에서 폐기된 캐릭터도 있다. 금발의 '제임스'는 스티커가 되었지만 애인은 채용되지 않아서 환상의 캐릭터로 끝났다. 그러나 울고 웃고 화내고 춤추는— 자신의 심경을 과장되게 표현하는 스티커는 만화나 애니메이션 같은 일본의 캐릭터 문화를 연상시켜서, 아시아권을 중심으로 해외에서도 인기에 불을 붙이는 기폭제가 되었다.

그런 오리지널 스티커는 LINE이 세계 각국에서 '현지화'되어 이용자를 늘리는 중요한 역할을 하고 있다. 예를 들어 이슬람 교도가 많은 말레이시아나 인도네시아에서는 단식기간인 '라마단'을 테마로 제작한 지역 한정 스티커도 투입하고 있다.

또한 중화권에서는 음력 정월을 축하하기 위한 스티커를 발표했다. 특히 현재 중국에서는 메신저 앱으로 LINE이 이용되는 일은 없지만 공식 캐릭터 숍 등의 사업은 전개하고 있다.

일본에서의 작업을 일단락한 mogi는, 현재 LINE 플러스에서 세계 시장을 위한 새로운 스티커를 작성하고 있다고 한다. 이 사랑스럽고 특이한 캐릭터들은 그가 발명한 자식과 같은 존재로서, 지금도 LINE의 확고한 아이덴티티와 강력한 마케팅 도구로서 활약하고 있다.

오늘도 전 세계의 이용자가 그가 디자인한 LINE의 스티커를 누르고 있을 것이다.

제3장

개발비화의
'진실'과 '거짓'

·····●동일본대지진이 드러낸 현실

2010년 3월. LINE이 서비스를 개시한 날로부터 1년 3개월을 거슬러 올라가 보면, 한국에서는 새로운 스마트폰을 위한 메신저 앱이 등장하고 있었다. 현재 한국에서 95% 이상의 압도적인 시장점유율을 자랑하며, 월간 이용자수가 4,000만 명을 넘는 한국 카카오사(현 주식회사 카카오)의 '카카오톡'이었다.

미국의 왓츠앱이 유행하는 것을 보고 개발했다는 카카오톡은 2010년 여름 무렵부터 한국 삼성전자의 스마트폰 'GALAXY'의 폭발적 인기와 더불어 경이적인 성장세를 보였다. 연말까지의 이용자 수는 600만 명, 2011년 초반에는 1,000만 명을 돌파했다.

카카오의 창업자 김범수는 당시 카카오톡을 개발한 배경에 대해서, LINE의 모회사인 네이버의 검색 서비스를 염두에 두었다고 설명한다.

"(스마트폰 사업에서는) 선점이 중요하다. 카카오를 지난해 12월부터 준비해서 3월에 시작했다. 미국의 iPhone 붐을 보면서 스마트폰의 강점이 무엇일까를 놓고 고민했다. PC에서는 검색 (서비스)이 넘버원이었지만, 모바일에서도 검색을 하고 있을까? 스마트폰의 제1 존재 이유는 통신 기기이다. 결론은 커뮤니케이션이었다."

[한국 시사저널, 2010년 12월 13일]

즉 LINE보다 한발 먼저 '커뮤니케이션'의 중요성을 알아차리고, 재빨리 실행에 나선 것이 카카오였다.

컴퓨터 베이스의 검색 사업에서 압도적인 승리자가 되어 있었던 네이버지만, 자신들을 위협할지도 모르는 카카오톡의 유행을 간과하고 있었던 것은 아니다. 그 때문에 한국에서는 카카오의 뒤를 따르려는 IT 기업이나 통신회사가 잇달아서 메신저 앱을 내놓기 시작하는 가운데, 네이버 역시 2010년 가을에 이 거대한 흐름에 동참했다.

©NP

✉ LINE보다 먼저 판매된 한국 카카오톡의 캐릭터

2011년 2월 16일, 한국 네이버는 메신저 앱 '네이버 토크'의 서비스를 개시했다. 이것은 카카오톡처럼 메신저로만 특화된 서비스가 아니었다. 컴퓨터 검색 사이트로서 회원 수 4,200만 명의 막대한 이용자 베이스를 자랑하는 네이버의 포털 서비스를 스마트폰에서도 이용할 수 있도록 만들면서, 그 안에 메신저도 끼워 넣은 것이었다.

그러나 이 네이버 토크는 전혀 유행하지 못했다. 오히려 이용자들 사이에서 비난의 목소리마저 나왔다. 메신저만이 아니라 컴퓨터와의 연계, 블로그 친구와의 이웃 맺기, 파일 보존 서비스와의 연동 등을 탑재한 멀티 기능이 오히려 화를 불렀다. 시스템 장애가 빈번히 일어난 것도 원인 중 하나였다. 즉 컴퓨터 시대의 비즈니스 모델을 그대로 모바일에 적용한 것이 바로 실패의 원인이었다.

컴퓨터의 검색 서비스에서는 절대 왕자인 네이버도 모바일에서는 패배할지도 모른다—. 한국 측에서 그런 우려가 나오기 시작한 타이밍에 발생한 사건이 '동일본대지진'이었다. 아직 LINE이 탄생하기 전, 이 대지진 당일에 무슨 일이 일어난 것일까?

"일본에 있는 한국인들은 다들 카카오톡 같은 메신저로 무사한지 확인했습니다. 네이버를 포함한 NHN의 사원은 물론 일부 일본인도 그 덕을 톡톡히 봤습니다. 카카오톡이 재난 시 요긴한 커뮤니케이션 수단이 될 수 있다는 것이 증명된 셈이지요." (LINE 관계자)

동일본대지진이 났을 때 휴대전화가 거의 연결되지 않아서, 사람들은 친척이나 친구의 안전을 확인하기 위하여 인터넷의 SNS 등에 의지했다. 트위터나 페이스북 등이 활약하는 가운데 메신저 앱인 카카오톡도 빛을 발하여 이용자 수가 단숨에 늘어났다.

즉 전대미문의 재난 상황에서 드러난 것은, 극한 상황에서 사람들을 구원한 것은 라이벌사 서비스의 편리함이었다고 할 수 있지 않을까? 그렇기 때문에 한국 네이버는 방침을 크게 전환할 수밖에 없게 되었다.

여기에 취재반을 사로잡은 또 하나의 관심사가 있었다. '동일본대지진 때문에 급속히 만들어낸 일본제 앱'이라는 LINE의 개발 비화와, 세계 속의 메신저 앱의 트렌드나 카카오톡의 약진이라는 역사. 그 사이에는 도저히 이해하기 힘든 상충되는 부분, 적극적으로 언급되지 않는 부분이 있을지도 모른다는 점이다.

⋯⋯●일본 시장 쟁탈전 발발

논점을 정리하기 위하여 여기서 다시 확인해두겠지만, 동일본대지진은 LINE을 개발하는 계기가 된 가장 큰 사건이었다.

"LINE은 일본에서 태어난 스마트폰 앱입니다. (동일본대지진이 발생했을 때) 그 때 다들 어떻게 했습니까? 제일 먼저 친한 사람들이 무사한지 확인했지요. 저도 그랬습니다. 그래서 그런 앱이 꼭 필요하다고 느꼈던 것입니다."

[패미츠 APP, 2012년 3월 6일]

LINE의 최고전략마케팅책임자CSMO인 마스다 준은 지진이 발생한
지 약 1년 후의 업계 이벤트에서 LINE이 태어난 경위를 이렇게 소개
한 다음, 서비스의 독자성에 대해서 이렇게 덧붙였다.

> "스카이프나 동일한 서비스의 존재는 전혀 신경 쓰지 않았
> 습니다. 우리들의 이념으로 세상을 위로할 수 있으리라 생
> 각하고 있었으니까요. 스마트폰의 세계는 PC와 달라서 아
> 직 미성숙합니다. 스카이프는 확실히 훌륭하지만, 그래도
> '그래봐야 결국 스카이프'입니다. 예를 들어 가족 중에 스
> 카이프를 사용하는 사람이 얼마나 됩니까?"

[패미츠 APP, 2012년 3월 6일]

더욱이 LINE의 전 사장 모리카와 아키라 역시 지진 발생 후 "1개
월 반만에 만들어냈다"고 몇 번이나 강조했다. 개발의 주역이 된 것
은 지진 발생 때부터 일본의 피해자들을 지켜봤다는 네이버의 창업
자 이해진과 책임자가 된 신중호, 그리고 LINE 기획실장 이나가키 마
유미의 팀이었다. 이나가키의 팀은 당시 사진 공유나 명함 교환 등
몇 가지 기획안을 책임지고 있었지만 지진 후에는 메신저 앱의 개발
에만 매달리기로 결정하고, 우선 기획 담당 3명을 포함하여 총 20명

정도의 사원이 개발을 진행했다고 한다.

"주말도 없이 출근해서 완성시켰습니다"(이나가키)라는 일화에 거짓은 없을 것이다. 다만 어떻게 1개월 반이라는 짧은 기간 안에 완성할 수 있었는지, 우리가 무엇보다 관심을 느낀 것은 바로 그 점이었다.

그 질문에 답하려면 앞에서 설명한 카카오톡이 동일본대지진 때 일본에서 크게 활약했다는 포인트를 빠트릴 수가 없다. 요는 일본보다 먼저 메신저 앱이 퍼져 있었던 한국을 기점으로, 국경을 초월하여 카카오톡과 네이버의 가열찬 주도권 싸움이 있었다는 것이다.

한국 시장을 석권한 라이벌 서비스가 아직 스마트폰이 보급되지 않은 일본 시장마저 빼앗아 갈지도 모른다—. 이런 위기감이 네이버로 하여금 LINE이라는 서비스를 급격하게 개발하는 계기가 되었다는 것은 상상하기 어렵지 않다.

이 점에 대하여 모리카와는 과거의 인터뷰에서 다음과 같이 말하고 있다.

"한국에는 동종의 서비스인 카카오톡이 인기가 많습니다.
거기에 대항하여 본사가 네이버 토크라는 서비스를 출시
했지만 카카오톡을 뛰어넘을 정도는 아니었습니다. 일본
에서도 네이버 토크를 제공하지 않겠냐는 이야기가 본사

에서 나왔지만, 그게 아니라 일본에서 독자적으로 일본형
메신저를 만들자고 하여 LINE이 탄생했습니다."

[ITpro 2012년 9월 7일]

네이버 토크가 본국에서 압도적으로 열세인 가운데 신중호 산하
의 일본팀은 일본에서는 독자 서비스를 내놓자고 주장했다. 그리고
네이버가 일본 측의 강한 요망을 받아들여서 내놓은 것이 일본 시장
용으로 커스터마이즈한 심플한 메신저 앱 'LINE'이었다는 역사의 흐
름을 볼 수 있다.

그리고 그 때 참고로 삼은 것은 아직 일본에는 그다지 보급되지
않았던 카카오톡이었던 것은 의심할 여지가 없다. 카카오톡이 왓츠
앱을 참고로 삼은 것처럼, 특히나 초기 LINE의 설계가 선배였던 카카
오톡과 '붕어빵'이었다는 것은 초기의 서비스 화면을 보면 금방 알 수
있다.

예를 들어 무료인 점, 초기 설정에서 전화번호를 등록하면 사용
할 수 있다는 점, 친구 리스트나 추천하는 이용자의 소개, 친구의 ID
검색 등 메뉴 아이콘에 나오는 기능이나 이용자 인터페이스에는 참
고했다고 여겨지는 흔적이 많이 나온다. 더욱이 알차기로 따지면 비
교가 되지 않지만 카카오톡에도 이모티콘이라고 불리는 스티커 기능
이 붙어있었다.

"NHN은 카카오톡과 거의 같은 LINE을 그 해 6월에 일본

에서 출시했다."

［『어제를 버려라 진화하는 아이콘 김범수의 끝없는 도전』 2012년］

적어도 LINE이 이렇게 먼저 나온 모바일 메신저의 장점을 대담하게 도입한 서비스라는 것은 틀림이 없다. LINE의 성공을 저술한 한국 측의 서적이나 보도에서는 LINE과 카카오톡의 유사성에 대해서 크게 다루고 있다. 실제로 NHN JAPAN측의 관계자는 당시의 상황에 대해 인터뷰하자 "LINE의 사내 프레젠테이션에서는 카카오톡의 서비스를 캡처한 사진이 모든 페이지에 실려 있었다"고 증언하는 사람들도 있다.

"사실 네이버가 새로운 서비스를 솔선해서 최초에 출시하는 경우는 적습니다. 다른 회사가 내놓은 서비스를 부단한 노력으로 1.5~2배 개선한 다음 두 번째로 참가하는 일이 많지요. 네이버의 검색도 원래는 야후나 다음Daum이 먼저였지만, 꼼꼼한 디테일을 담아서 비즈니스면의 승부에서 이겨서 시장을 독점하고 라이벌을 물리친다는 전략을 채택해왔습니다"고 한국 IT 업계의 관계자는 말한다.

하지만 인터넷 서비스에서는 '표절'은 일상다반사이기 때문에 딱히 어디가 어디를 참고했는지 추궁하고 싶은 것은 아니다.
오히려 중요한 점은, 이것이 한국 네이버가 지진 직후 한시라도 빨리 일본에 메신저 앱을 투입하고 싶다고 생각한 증거라는 것이다.

왜냐하면 지진으로 그 편리함이 확인되긴 했지만, 당시 벤처 기업인 카카오는 한국에서의 이용자수가 막대하게 늘어나던 중이라 일본 측에 경영 자원을 크게 투자할 능력이 없었다. 이 때문에 지진 후의 일본에서는 증가율이 금세 둔화되고 있었다.

LINE이 일본에서 승리하기 위해서는 바로 이 타이밍이 결코 놓쳐서는 안 될 천재일우의 찬스였던 것이다.

특히 LINE이 2011년 6월에 서비스를 개시한지 2개월 후의 시점에서, 일본의 이용자 수가 아직 80만 명이었던 것에 비해 카카오는 이미 일본 국내에서 150만 명에 이르렀다. 즉 더블 스코어에 가까운 결과가 나오기 시작하고 있었다.

[『어제를 버려라 진화하는 아이콘 김범수의 끝없는 도전』 2012년]

그리고 이 열세를 뒤집어엎은 것은 한국보다 1년 늦게 찾아온 일본의 스마트폰 붐이었다. 2011년 가을 무렵부터 종래의 피처폰에서 스마트폰으로 갈아타는 이용자가 급증하는 가운데, 네이버 재팬은 본사가 소유한 거대한 경영자원을 LINE에 투입한 것이다. 10월에는 무료 통화와 스티커 기능을 도입하고, 11월에는 인기 연예인 벡키ベッキー(일본의 여성 연예인, 가수)를 기용한 TV CF를 방송하기 시작했다.

네이버가 펼친 대기업 특유의 철저한 마케팅 작전은 멋지게 적중했다. 9월 말에 94만 건이었던 다운로드 건수가 10월에는 300만, 11월은 500만, 2012년에 들어가자 1500만으로 늘어났다. 매달 배로 늘어날 만큼 경이적인 인기를 떨치고 있는 것이다.

당연하게도 카카오톡은 이 기세를 따라잡지 못했다. 카카오톡도 LINE의 스타트와 전후하여 일본 시장에 맞춘 새로운 서비스를 추가한다는 기획안이 나왔지만(『네이버 성공신화의 비밀』), 사내 자원이 부족하여 크게 뒤처지게 되었다.

이처럼 LINE의 성공은 한국 측의 격렬한 모바일 전쟁을 빼놓고는 거론할 수 없다. 한 발 먼저 컴퓨터에서 스마트폰으로 이동이 시작된 한국 측 기업들은 다음의 거대 시장으로 일본을 노리고 있지만, 그 격렬한 경쟁을 제압한 것은 네이버가 일본 시장에 특화해서 제작한 LINE이었다고 할 수 있다.

그래서 LINE이, 네이버 재팬이 일본에서 만든 '일본제 앱'이라는 주장은 실태와는 양상이 다른 부분이 있는 것이 아닐까?

"네이버 토크를 들여오지 않는다는 의사결정이나 귀여운 대형 스티커를 포함한 LINE의 기획에는 네이버 재팬의 의향이 크게 관련되어 있었습니다. 다만 앱이나 시스템 같은 기술 개발은 대부분 한국 측 프로젝트팀이 담당했습니다"라는 것이 당시 LINE의 상황을 잘 아는 관계자들의 일치된 기억이다.

한국 네이버의 창업자 이해진도 LINE을 개발하던 당시 한국인들의 활약상에 대해서 이렇게 회상한다.

"일본에서 대지진까지 겪으며 사는 게 공포스러웠던 그
때, 끝까지 남아있던 직원들이 밤새워 만든 게 LINE이다.
마지막 절박함이 담겼을 때 성공하는 것 같다."

[2013년 11월 26일자 조선일보]

그리고 2011년 12월, 네이버는 일본 시장에서 LINE이 대성공을
거두자 성장이 주춤한 네이버 토크를 LINE에 통합시키기로 결정했
다. 이렇게 해서 LINE은 일본에서 성공했다.

·····●LINE과 카카오, 20년에 걸친 인연

앞에서 말한 것처럼, 인터넷 업계에서는 온갖 서비스를 '표절'하
는 것은 일상다반사다. 예를 들어 페이스북이 등장하자 각국에서 비
슷한 SNS 서비스가 탄생했다. 일본에서는 'mixi' 등이 태어났지만 훗
날 페이스북이 시장을 제패했다.
일본에서도 LINE 다음에 DeNA가 경합이 될 만한 메신저 앱
'comm'을 투입하여 한때 주목을 받았지만 결과는 LINE의 압승으로
끝났다.

그러나 사실 LINE과 카카오의 관계는 단순한 선발주자와 후발주
자에 그치는 것이 아니다. 두 회사의 창업자 사이에는 약 20년에 걸
쳐 결합과 이별, 그리고 라이벌 관계를 되풀이해온 깊은 인연이 있다.

순위	기 업 명	업 종	이 름	연 령	자산액(100만$)
1위	삼성전자	전기	이건희	74	12,600
2위	아모레 퍼시픽	화장품	서경배	53	8,400
3위	삼성전자	전기	이재용	47	6,200
4위	스마일게이트	온라인게임	권혁빈	42	4,900
5위	현대자동차	자동차	정몽구	78	4,800
16위	kakao	온라인 서비스	김범수	50	2,000
39위	NAVER	인터넷 포털	이해진	48	935

출처 : 포브스 'Korea's 50 Richest People'

✉ 2016년 한국 '부호' 랭킹

네이버의 창업자 이해진과 카카오의 창업자 김범수는 각각 창업
했던 네이버와 한게임커뮤니케이션를 통합한 회사, NHN(넥스트 휴먼 네
트워크)를 같이 경영했던 동지였다. 게다가 두 사람 모두 명문 서울대
학교에 입학하여 졸업 후에는 삼성SDS에 동기로 입사, 나중에 함께
인터넷 벤처를 창업한 한국 IT 업계의 2대 스타라고도 할 수 있는 존
재다.

한국 경제의 80%를 독차지하고 있는 재벌기업과는 계보가 완전
히 다르다. 스스로의 능력으로 한국의 인터넷 사업을 일으켜 '코리안
드림'을 실현한 인물로서 나란히 미국 포브스지의 억만장자 랭킹의
상위에 이름을 올렸다.

먼저 장절한 석세스 스토리로 알려진 사람은 김범수다. 1966년

진 화 하 는 아 이 콘 김 범 수 의 끝 없 는 도 전

어제를 버려라
abandon

장윤기 지음

한국 카카오사의 창업자 김범수 씨의 평전

에 중등 교육밖에 받지 못한 양친 아래서 오형제의 장남으로 태어난 김범수는 서울 근교의 빈곤한 지역에서 성장했다. 조모를 포함한 가족 8명이 단칸방에서 생활하는 가정환경 속에서 독학으로 공부하여 형제들 중에서 유일하게 대학까지 진학, 학비도 스스로 벌었던 자수성가형이다.

김범수는 서울대학교와 대학원에서 산업공학을 전공했지만, 1990년대에 들어 시대의 흐름이 컴퓨터와 인터넷 통신으로 넘어가는 것을 피부로 느끼고 있었다. 그래서 대부분의 졸업생이 진로를 제조업으로 선택하는 학과 출신임에도 불구하고 프로그래밍이 필요한

IT 분야를 선택하기로 결심, 1992년에 삼성SDS에 입사했다. 같은 해에 동기로 입사한 17명 중에 서울대학교와 KAIST를 거쳐서 입사한 이해진도 있었다.

삼성에 근무하면서 독학으로 프로그래밍을 공부해서 두각을 나타낸 김범수는 인터넷에 대한 관심이 더욱 강해져서 5년 후에 퇴사. 거의 무일푼이었기 때문에 간신히 3평짜리 사무실을 빌려서 게임 사업에 뛰어들었으나, 한국을 덮친 IMF 사태의 영향으로 사원이 1명만 남게 되었다.

자금난에 빠진 김범수가 생각해낸 것이 게임을 하면서 놀 수 있는 PC방 사업이었다. PC방 사업이 잘 풀려서 5,000만원의 자본금을 마련, 1998년에 설립한 것이 온라인 게임 회사 '한게임 커뮤니케이션'이었다. 인터넷으로 화투나 테트리스 등의 게임을 실시간으로 대전할 수 있는 온라인 게임은 젊은이들의 마음을 단숨에 사로잡았다. 1999년에 서비스를 개시한지 고작 3개월 만에 100만 이용자를 획득하고, 그 후 바로 1,000만 명대를 돌파하게 되었다.

김범수보다 2년 늦은 1999년에 이해진도 삼성SDS를 떠난다는 선택을 한다. 가난한 가정에서 자란 김범수와는 달리, 이해진은 부친이 삼성 출신이라서 비교적 유복한 가정에서 자랐다. 두 사람은 삼성 시절에 기술연구소에서 함께 근무했는데, 컴퓨터에 대한 이해력이 높은 서로의 실력을 인정하는 사이였다고 한다.

미국에서 야후 등의 검색 서비스가 태어나는 가운데, 이해진은

1997년에 5명의 동료들과 함께 사내 벤처기업으로서 검색 서비스인 '네이버 컴'을 창업했다. 2년 후인 1999년에는 서비스를 들고 나와 독립했다.

·····●손을 잡은 한국 벤처 기업의 신성들

2000년 4월, 김범수와 이해진은 손을 잡기로 결정했다. 한게임과 네이버를 합병시킨 것이다. 기술력에 자신이 있었던 네이버는 한게임이 보유한 이용자들 덕분에 사업을 확대할 수 있었고, 한게임은 매일 10만 명 단위로 늘어나는 이용자를 관리할 데이터베이스를 손에 넣을 수 있었다.

한국의 검색 서비스에서 5위에 불과했던 네이버는 이 합병을 계기로 급성장하여 국내에서 부동의 1위로 올라섰다. 한게임도 게임을 유료화하는데 성공하여 2001년 9월에는 훗날 LINE의 모체가 되는 'NHN'으로 명칭을 변경했다.

"이해진 씨의 특징이 '수학'에 기초한 공평한 매니지먼트
인 것에 비해서 김범수 씨의 특징은 '사람'을 중요시하고
실패를 두려워하지 않는 열정입니다"

라고, 오래전부터 두 사람을 알고 있다는 한국 IT 업계의 관계자는 말한다.

NHN은 그 후 매상이 수배로 늘어나고 영업이익률도 40%에 달하는 등 명실공이 한국 인터넷 업계의 1등 기업으로서 부동의 위치를 차지했다. 그런 가운데 NHN은 일본을 비롯한 해외로 시장을 확대하려고 했다. 김범수는 선두에 나서서 미국에서 게임 사업을 시작하기 위해 2006년에 NHN의 미국지사로 떠났지만 성공하지 못하고 2007년에 NHN을 그만두게 된다.

그 후 이해진이 이끌게 된 NHN은 성장을 거듭하여 2010년에는 매출 1조 3,125억 원(약 1000억 엔)을 돌파, 2011년에는 시가총액으로 LG전자를 제치고 한국을 대표하는 기업 중 하나로 떠올랐다.

한편 이 무렵 NHN을 퇴사한 김범수는 새로운 인터넷 기업을 설립하고 있었다. 2007년이라고 하면 애플의 iPhone이 등장한 해로, 김범수도 사업 실패를 되풀이하면서 모바일 시대가 곧 도래할 것이라고 확신하기 시작했다.

그리고 2010년이 되어 투입한 것이 '카카오톡'이었다. 미국 왓츠앱이 융성하는 것을 보고 한국 시장에 투입한 이 앱이 단숨에 성장한 것은 앞에서 말한 대로이다. 한 명의 기업가가 두 가지 서비스로 성공한 보기 드문 사례였다.

네이버의 이해진은 고작 사원 50명 정도의 벤처 기업이 시작한 작은 서비스에 약 4000만 명의 이용자를 거느린 거대한 모바일 서비스의 앱이 질 리가 없다고 생각했던 것이 틀림없다.

"모바일은 인터넷의 확장판이 아니라 새로운 패러다임이

다. 기존의 서비스가 아니라 스마트폰에서 사용자가 즐길 수 있는 것이 무엇인지 고민해야 한다. 다음이나 네이버는 기존 인터넷에서 돈 버는 것이 있다. 그것을 제쳐 놓고 스마트폰을 준비할 수 없다. 네이버가 모바일 서비스를 준비하면서 제일 먼저 한 일이 개발자 100명을 뽑아서 기존 서비스를 모바일에 최적화시키는 작업이었다. 기존의 것을 스마트폰에서 볼 수 있는 서비스만 한 셈이다. 그것보다 훨씬 간편한 것이 있는데도….″

[2010년 12월 13일 시사저널].

김범수는 당시의 인터뷰에서 그와 같이 말했다.

그러나 그 킬러 앱을 개발한 사람이 과거의 맹우였다는 사실이 네이버를 훨씬 자극하여 LINE의 개발로 이어진 것일지도 모른다.

……●일본에서 처음으로 성공한 한국기업

카카오와 한게임의 창업자 김범수가 네이버의 이해진보다 앞서고 있었던 것은 창업 시기나 메신저 앱의 투입만이 아니었다. LINE보다 먼저 일본 시장에서 성공을 거둔 것도 사실은 김범수의 맹우가 설립한 한게임 재팬이었다. 그들이야말로 한국 기업으로서는 역사상 최초로 일본시장에서 성공을 거둔 기업이다.

한게임은 19999년에 서비스를 개시한지 겨우 1년 후, 한국에서도 아직 성장 도중이었던 2000년에 '한게임 재팬'을 설립했다.

IT 기업이 모인 도쿄 시부야가 비트밸리라고 불렸던 이 시대, 도 겐자카道玄坂에 있는 월세 45,000엔짜리 아파트에 사무실을 열고, 맨 손으로 한게임을 성장시킨 사람이 당시 대표였던 천양현(현 코코네 대표)였다.

한국의 금융업계 등에서 근무하다가 일본 유학을 떠난 천양현은, 와세다대학早稻田大学에서 게이오기주쿠대학 쇼난후지사와慶應義塾大学 湘南藤沢캠퍼스로 진학하여 석사 학위를 딴 다음 한국으로 귀국했다.

그런 타이밍에 재회한 사람이 한게임의 창업자 김범수였다. 천양 현과 김범수는 서울시의 자양동에서 초등학교부터 중학교, 고등학교 까지 같이 다닌 소꿉친구였다.

김범수에게서 인터넷 비즈니스의 구상을 들은 천양현이 "그렇다 면 일본에서 해보고 싶다"고 역으로 제안하면서 일본에서의 사업이 결정되었다고 한다.

> "인터넷에서는 2~3명이 만든 기업이 세계를 변화시킬 수
> 있다. 그것을 일본에서 해보고 싶었고, 사업을 한다는 부
> 담감 없이 즐겁게 일할 수 있었다"(천양현)

설립 당초의 자본금은 3,500만 엔, 고작 반년분의 운전 자금이었 다. 인맥도 없고 본사의 지원금도 없는 가운데, 20명 정도의 사원들 에게 "낮에는 아르바이트로 생활비를 벌고 밤에 모여서 본업에 매달

리자"고 호소하면서 사업을 이어나가는 상황이었다.

그런데 당시의 일본은 마침 인터넷 통신 환경이 내로우밴드에서 보다 고속인 브로드밴드broad band로 바뀌려고 하는 시기였다. 이미 한국에서는 한게임의 비즈니스가 성립되기 시작했던 무렵이라 일본에서도 성장할 것이라는 확신이 있었다고 한다.

컴퓨터를 베이스로 한 온라인 게임의 특징은 인터넷을 통해서 혼자가 아니라 타인과 함께 놀 수 있다는 점이다. 한 발 먼저 한국에서 붐에 일고 있었던 것은 국민적인 게임 중 하나인 '화투'였다.

그러나 화투는 일본인에게 그다지 인기가 없다. 이 때문에 바둑이나 마작, 테트리스, 도둑잡기 등 각각 마니아 층이 있는 게임을 한데 묶어서 내놓는다는 작전을 선택했다. 더욱이 이용자들의 동향을 주시하는 가운데 이용자들끼리 메시지를 주고받을 수 있는 '미니메일' 등의 서비스를 추가해갔다.

"일본인 게임 이용자의 행동을 계속 관찰하고 있었습니다. 그러자 한국인 이용자와는 다르게 일본인은 온라인상의 대화도 예의가 바르더군요. 그래서 온라인에서 대화나 인사를 빈번하게 나누었습니다. 그 결과 게임 별로 게시판을 추가하거나 이용자별로 동아리를 강화하는 등 고객의 요구에 맞춰서 커뮤니케이션이나 메시지 기능을 개선해 나갔습니다." (천양현)

비즈니스면에서 가장 히트를 친 것은 자기 모습을 본뜬 온라인상의 분신인 아바타를 사용한 모델이었다.

일본인 이용자들은 자기 분신인 아바타를 예쁜 옷이나 아이템으로 장식하기 위하여 기꺼이 돈을 지불했다. 일본에서 '아이템 과금'이라고 불리는 이 인기 과금 모델은 바로 한게임이 '발명'한 것이었다. 이것이 DeNA나 GREE, 사이버 에이전트 등의 게임과 서비스에 도입되어서 훗날 휴대전화용 소셜 게임의 붐으로 이어졌다.

즉 한게임 재팬의 전략은 한국의 모델을 그대로 일본에 영입하는 것이 아니라 철저하게 일본의 이용자에 맞춰서 '현지화'하는 것이었다. 메일을 쓰는 법에서 인사 방법까지, 일거수일투족을 일본의 방식에 맞추었다고 한다. 비즈니스면에서도 독립을 유지하며 "한국 기업의 자회사이긴 하지만 우리 스스로 결정해서 성공할 수 있다는 것을 본사에 증명할 생각이었습니다"(천양현)라고 한다.

2003년에는 야후를 제외한 온라인 게임에서 국내 수위권에 오르고, 다음 해에는 1일 매출이 1000만 엔을 돌파하여 "날마다 축제라도 벌어진 것 같았습니다"(전 한게임 사원)라고 말할 정도였다. 천양현도 "회사가 소규모일 때부터 시부야의 스크램블 교차로에서 CF를 내보내는 것이 꿈이었습니다. 현금을 모조리 전부 쏟아 부어서 TV의 CF도 방송했습니다"라고 회상한다.

그리고 2000년대 중반으로 접어들자 매출은 1,000억 엔을 넘어 (2008년), 한국 NHN에게도 귀중한 수입원이 되었다. 삼성전자나 LG전자, 현대자동차를 포함한 한국 기업이 일본 시장에서 그다지 성과를 올리지 못하는 가운데, 한게임이 한국 기업의 역사 전체를 통틀어서 일본에서 처음으로 성공한 사례가 되었다.

일본 시장에 맞춘 철저한 '현지화'로 일본에서 한 시대를 풍미한 한게임. 그 공로자가 된 천양현은 'LINE의 아버지'인 신중호에게도 일본 시장에 침투하기 위한 세 가지 비결을 전수했다고 한다.

"첫째, 가능한 통역을 사용하지 않을 것. 발음이 정확하지 않을 때도 단어를 틀릴 때도 있습니다. 그래도 상대방의 말을 이해한다는 것이 중요합니다. 둘째, 항상 데이터를 바탕으로 말하는 것입니다. 그리고 마지막으로 셋째, 일본인의 마음을 사로잡고 있는가를 수시로 확인해야 합니다."

존경하는 경영자로 네이버의 창업자 이해진을 꼽는 천양현은, 현기증이 날 만큼 빠르게 변화하는 글로벌 시대에서 IT 산업의 성쇠를 경험하고 다음과 같은 경영철학을 얻었다고 말한다.

"세상을 바꾸는 것은 한국이나 일본이라는 국가가 아닙니

다. 변화의 주역은 회사입니다. 글로벌 시대에서는 회사
가 국가나 국적 같은 것을 훌쩍 초월할 수 있으니까요."

·····●차세대 벤치마킹의 정체

하루하루의 생활이 LINE으로 시작되고 LINE으로 끝난다. 사람들
이 가장 많이 함께 지내는 가족이나 친구 같은 존재—.

매년 LINE의 신규 서비스를 선보이는 무대인 'LINE 컨퍼런스'.
2016년에 LINE이 때가 무르익기를 기다렸다가 발표한 것은 모바일
로 결제할 수 있는 LINE 카드와 최저 500엔의 월정액으로 데이터 통
신을 제공하는 MVNO Mobile Virtual Network Operator(가상이동체통신사업자)
등이었다.

특히 올해는 메신저 앱의 영역에서 크게 벗어난, 사람과 서비스를 연결
해주는 '스마트 포털'이라는 콘셉트를 내세웠다. 그 발 빠른 시도에 참가자는
열심히 귀를 기울였다.

그러나 전 세계를 둘러보면 LINE만이 최첨단 서비스인 것은 아니다.

"LINE의 신규 서비스가 딱히 감동스럽지는 않았습니다.
역시 기시감이 있었거든요. 왜냐하면 우리가 일상적으로
사용하고 있는 것이라서……."

이런 말을 한 사람은 중국의 IT 대기업의 일본법인 간부였다. 중국에서는 메신저 앱을 중심으로 다양한 종류의 서비스가 하나의 플랫폼에 통합되어 일상적으로 사용되고 있다고 한다.

그 선두 주자가 바로 중국인이라면 모르는 사람은 없을 만큼 유명한 메신저 앱 '위챗'이다.

중국의 인터넷기업 텐센트 홀딩스가 운영하는 메신저 앱 위챗은, LINE의 탄생보다 5개월 정도 빠른 2011년 1월에 출시되었다. 현재는 6억 9,700만 명의 월간 이용자를 보유한 거대 앱이다.

"한국의 네이버 본사가 지금 가장 주시하는 존재가 위챗이라는 것은 사실입니다. 이해진 씨도 자주 그 이름을 언급하고 있습니다." (LINE 관계자)

위챗의 무엇이 그렇게 강력할까?

실은 위챗은 LINE이 추구하는 '친구 같은 존재'가 되었다고 착각할 만큼 중국인의 사회생활에서 필수불가결한 서비스로 성장하고 있다. 실제로 이용하고 있는 중국인 이용자에게 물어보니 그 이유는 명백했다.

일본의 공익재단법인에 근무하는 황지엔黃堅 씨는 중국에 귀성하면 즉각 위챗부터 켠다. 먼저 페이스북이나 LINE의 타임라인에 해당하는 모멘트를 보면, 친구들의 셀카 사진이 차례차례 올라와 있고 코멘트도 산처럼 달려있다. 더욱이 스마트폰의 화면을 한 번 터치하는 것만으로도 레스토랑 예약에서 택시 수배, 비행기표나 열차표의 구입, 슈퍼나 편의점에서의 결제, 영화 티켓 구입까지, 온갖 서비스를 이용할 수 있다.

"과장된 표현일지도 모르지만 지금은 위챗이 생활의 전부입니다. 위챗 없이는 살아갈 수 없다고 말하는 사람도 있습니다"라고 황지엔 씨는 지적한다.

그 발언은 전혀 과장된 표현이 아니다. 왜냐하면 지금은 위챗에 전기나 가스, 수도의 공공요금에 주차 위반 등의 벌금, 친구에게 송금, 선불폰의 지불, 더 나아가서는 각종 비자의 취득 등도 가능한 기능이 탑재되어 있기 때문이다.

그리고 그 중핵을 담당하는 서비스가 2013년 7월에 제공된 모바일 결제 서비스 '위챗페이'다. 이미 이용자 수가 2억 명 이상인 거대한 결제망을 구축하고 있다. 은행 계좌나 신용카드만이 아니라 한국의 주민등록번호에 해당하는 신분증명번호와 앱을 연결시켜주는 시스템으로, 등록만 하면 그 자리에서 바로 사용할 수 있는 것이 특징이다.

일본과 중국에서 IT 컨설턴트 회사를 경영하는 아오하시합동회사

合同会社靑橋의 사이토 신스케斉藤真介 CEO는 "위챗으로 할 수 있는 일은 일본을 예로 들자면 LINE에 페이스북, 인스타그램, 그리고 라쿠텐을 더한 것 이상일지도 모릅니다"고 말한다.

운영 기업인 중국 텐센트의 관계자는 위챗이 폭발적으로 보급된 이유에 대해서, "위챗페이는 일상생활에서 결제할 수 있는 곳을 전략적으로 늘려간 것이 보급의 배경"이라고 해설한다. 택시 수배 앱을 인수하여 그 지불 수단으로서 위챗페이를 사용할 수 있는 환경을 정비하거나, 음력 정월의 세뱃돈 같은 것을 송금하는 수단으로 삼는 등 차례차례 새로운 수단으로 모바일 결제를 추진하고 있었다.

물론 LINE도 위챗을 따라잡기 위하여 2014년에 'LINE PAY'를 도입했다. 위챗처럼 다양한 일상생활에 파고드는 것이 목표이나 은행 계좌나 신용카드를 등록할 때 시간이 많이 걸린다. 게다가 점포측에 설치된 계산기의 시스템이 구식이라 아직까지는 폭발적인 보급에까지는 이르지 못했다.

현재는 물리적인 카드를 채용한 'LINE PAY 카드'를 도입하여 신청이 늘어나는 등 겨우 보급의 기운이 높아지기 시작한 참이다.

"모바일 결제의 세계를 선두에서 이끌고 있는 곳은 아시아에서는 중국의 위챗과 알리바바의 두 회사입니다. LINE은 아무래도 조금 뒤쳐져 있습니다. 중국에서는 금융 산업에 대한 규제가 강하지만 그 대상에서 벗어난 그들과 같은 기업이 점점 모바일 결제를 추진하고 있었습니다"라고 일본의 금융기업 간부는 분석하고 있다.

　카카오톡에서 위챗으로—. LINE이 벤치마킹하는 기업은 성장과 더불어 변화하고 있다. 흥미로운 것은 위챗을 운영하는 텐센트가 2012년에 약 6,400만 달러(약 70억 엔)을 출자하여 카카오의 주식을 13.54%나 차지한 일이다. 중국과 한국을 각각 제패하고 있는 강력한 라이벌 회사가 LINE의 코앞을 가로막고 있는 것이다.

　모바일 서비스의 변화는 격렬하다. LINE을 거론할 때 "일본제다", "일본발이다"라고 주장하는 것치고는 보이는 것이 아무것도 없다. 스마트폰이 산업 환경을 변화시키고 있는 가운데 아시아와 세계에서 이런 신흥기업들이 서로 어떤 영향을 주고받고 있을까? 조금만 눈을 크게 뜨면 전혀 다른 모습이 보일 것이다.

제4장

LINE에 흐르는
라이브도어의
유전자

……●라이브도어 사건과 '도시 전설'

지금은 나는 새도 떨어트릴 만큼 기세등등한 LINE. 급성장을 이룬 이 회사에 대해서 IT 업계의 사람들 사이에 떠도는 소문이 있다는 것을 알고 있는가?

"LINE의 인프라 기술은 라이브도어의 엔지니어가 책임지고 있는 모양이다……."

라이브도어란 지금으로부터 10년 전, 일본 전국을 쇼크의 도가니로 몰아넣은 호리에몬ホリエモン(라이브도어의 사장이었던 호리에 다카후미의 별명)의 라이브도어를 말한다.

2006년 1월 16일, 도쿄지검 특수부는 증권거래법위반의 혐의로 롯폰기힐즈에 있는 라이브도어 본사의 강제수사에 들어갔다. 무수한 TV 카메라가 몰려와서 IT 시대의 총아라고 불리었던 호리에 다카후미 사장을 쫓아다녔다.

지금도 여전히 사람들 입에 오르내리는 일본 경제사에 남을 대사건—.

일본 전국의 거실에서 라이브도어 사건을 다루는 뉴스가 흘러나오고, TV 앞의 시청자들은 호리에몬의 말로가 어떻게 될지 흥미진진

©NP

하게 지켜보고 있었다. 그런 라이브도어가 운영했던 포털 사이트는 이 대소동 때문인지 이상할 정도로 평소를 훨씬 웃도는 접속자가 쇄도하고 있었다.

그래도 라이브도어의 사이트는 이 접속 때문에 높은 부하가 걸리는 상황을 견뎌내며 한 번도 다운되는 일이 없었다.

"그 사건이 나기 전에도 라이브도어의 구단 인수 소동이나 후지 TV를 둘러싼 닛폰방송 주식에 관한 소동 등 접속이 쇄도하는 상황을 이미 세 번이나 경험했습니다. 그래서 당일에도 대응할 수 있었습니다"라고 말한 사람은, 당시 라이브도어의 기술 간부로 있었던 LINE 상급집행임원인 이케베 도모히로池邊智洋다.

이케베가 말하길 라이브도어의 오피스에 도쿄지검 특수부가 밀어 닥치는 가운데, 반사적으로 포털 사이트의 이상 접속에도 견딜 수 있는 '하이 트래픽 모드'로 시스템을 전환했다고 한다.

그 후 포털 사이트를 운영하는 사업 회사로서의 라이브도어는 2010년 5월에 LINE의 전신인 NHN JAPAN에 인수되었다. 그리고 2012년에는 경영 통합과 더불어 그 법인 자격도 흡수, 합병되었다.

그것이 IT 업계에서 하나의 '도시 전설'을 낳았다. 저 라이브도어 사건 때에도 서버가 다운되지 않았던 것은 라이브도어의 높은 기술력이 있었기 때문이다. 지금도 그 기술력 덕분에 전 세계에 2억 1,860만 명의 월간 이용자를 보유한 LINE의 거대 인프라가 멈추는 일 없이 움직이고 있다고 한다─.

지금도 그렇게 믿고 있는 업계인이 적지 않다.

·····●고참 간부 300명이 활약

그러나 그런 스토리도 근거가 없는 것은 아니다.

실제로 LINE의 본사 조직을 들여다보면 라이브도어의 고참 간부들의 얼굴이 나란히 놓여있다. 사장인 이데자와 다케시는 과거 라이

라이브도어 입사년	라이브도어 출신 LINE 간부들의 면면	
2001년		**통솔력으로 사장 자리에!** 대표이사 사장 CEO 이데자와 다케시
2001년		**태연자약한 엔지니어** 상급집행임원 이케베 도모히로 패밀리 서비스 개발
2005년		**SNS계의 풍운아** 상급집행임원 다바타 신타로 코퍼레이트 비즈니스
2005년		**스탬프의 파수꾼** 집행임원 모리 히로시 콘텐츠 스티커 LINE 스티커, LINE 만화, LINE 운세 등
2005년		**블로그의 총감독** 집행임원 사사키 다이스케 엔터테인먼트 LINE LIVE, LINE BLOG, livedoor blog
2004년		**냉정침착한 일꾼** 집행임원 오치아이 노리타카 백오피스
2001년		**백만마력의 광고영업** 사업부장 고가 미나코 코퍼레이트 비즈니스
2010년	매니저 와타나베 나오토모 콘텐츠 스탬프	
2007년	매니저 가키우치 히데유키 패밀리 서비스 개발	
2004년	치프 프로듀서 다니구치 마사토 코퍼레이트 비즈니스	
2009년	매니저 하야시 유타로 코퍼레이트 비즈니스	
2009년	LINE Business Partners 대표이사 조후쿠 히사히로코퍼레이트 비즈니스	
2005년	사업부 부장 후지누마 마사아키 미디어 LINE NEWS, livedoor 뉴스	
2005년	BLOGOS 편집장 오타니 고타 미디어	

✉ 살아 숨 쉬는 라이브도어의 유전자

브도어의 모바일 사업을 흑자로 이끌었고, 사건이 터진 다음 2007년 4월에 호리에가 물러나자 포털 운영의 라이브도어 사장을 역임한 인물이다. 흩어졌다 모였다를 반복하는 사원들의 중추가 되어왔던 것이다.

연일 공식석상에 등장하는 이데자와만이 아니다. LINE이라는 기업 조직을 유지하고 있는 주요 10개 부문 중 그 절반에 해당하는 5개 부문을 라이브도어 출신이 담당하고 있다. 131페이지에 게재한 표를 보면 그 버라이어티가 풍부한 면면을 알 수 있을 것이다.

블로그 서비스의 선구자라고도 할 수 있는 '라이브도어 블로그'를 운영하고 있으며, 현재는 그 노하우를 살려서 LINE의 블로그 서비스를 이끌고 있는 집행임원 사사키 다이스케(LINE 라이브, LINE 블로그 담당). 과거 리쿠르트 등에서 근무했고 신구新舊 미디어 분야에 경험이 풍부한 상급집행임원 다바타 신타로(코퍼레이트 비즈니스 담당). 하나같이 업계에서 널리 알려져 있는 라이브도어 출신자다.

더욱이 LINE의 각 부문을 들여다보면 비즈니스의 최전선에서 활약하고 있는 전 라이브도어 사원의 키맨들이 떠오른다.

라이브도어 시절부터 광고대리점과의 연줄을 쌓고 인터넷 광고를 숙지하고 있는 모네티이즈monetize(수익화)의 달인, 고가 미나코(코퍼레이트 비즈니스 담당, 광고사업부장)는 그 필두일지도 모른다. LINE은 스티커를 기업용 '광고 상품'으로 판매하고 있는데, 그 전도사로서 밤낮을 가리지 않고 국내외를 돌아다니고 있는 파워풀한 인물이다.

라이브도어의 시점에서 보는 LINE과의 통합연표			
제1기	~2006년	호리에몬 시대	사건을 일으킨 라이브도어. 2006년 1월 도쿄지검 특수부가 강제수사
제2기	2007~2012년	재건시대	필사적인 재건과 매각. 2010년 5월 NHN JAPAN의 자회사로
제3기	2012년~현재	LINE 융합시대	2012년 1월 LINE과 통합. 법인 자격 소멸

✉ 제2기의 고생을 거쳐 현재로

현재 1,020명 정도인 LINE의 사원들 가운데 약 3분의 1에 해당하는 300명 정도가 라이브도어 출신자로, 사장인 이데자와를 비롯하여 제각각 LINE에서 필요불가결한 역할을 담당하고 있다.

·····● '공백의 5년'이 의미하는 것

하지만 호리에가 라이브도어를 이끌었던 시절의 우수한 두뇌가 그대로 LINE의 중핵으로 옮겨갔느냐고 묻는다면 대답은 NO다.

왼쪽 페이지의 표는 라이브도어의 지금까지의 역사를 크게 셋으로 나눈 것이다. 그 중에서도 많은 라이브도어 관계자들은 라이브도어 사건 후, 세상의 차가운 시선에 시달리면서도 경영 재건에 매달렸던 '제2기'가 중요하다고 지적한다.

호리에를 비롯한 카리스마적인 경영 간부들이 회사를 떠나자 실적이 좋았던 금융·파이낸스 부문 등을 매각하고, 라이브도어는 포털 사이트를 중핵으로 내세우는 사업 회사로서의 재건을 꾀하게 된다. 화려한 록폰기의 심볼이었던 회사가 180도 변하여 수수한 미디어 사업을 꾸려나가게 되었기 때문에 세상의 주목을 그다지 받지 못했던 무렵이다.

"호리에 씨 곁에서 한때는 선거 활동 등을 돕던 '신기한 사람들'은 금방 자취를 감추었습니다. 인터넷 사업에 관심이 있었던 사람들이 재건을 위해서 버텼습니다."라고, 2000년대 전반부터 근무했던 라이브도어 출신의 LINE 사원은 말한다.

그때까지 각자의 개성이 강해서 '개인플레이'를 중시했던 라이브도어의 문화도 조금씩 변화를 보였을 것이다. 2007년에 재건을 시작했을 때는 2년째의 통기 흑자화를 목표로 온라인 광고 사업에서 새로운 전략을 구사하여 신생 라이브도어로서 수익화에 심혈을 기울였던 시기였다.

그리고 재건에 매달리고 있던 라이브도어는 2010년 5월에 커다란 변화를 맞이하게 된다.

인수처를 찾기 위해서 경매에 걸린 끝에 한국 네이버의 자회사인 NHN JAPAN(현 LINE)이 63억 엔에 매입하기로 결정되었다.

제1장에서 여러 번 소개한 것처럼, 당시의 네이버는 한국에서 시장

점유율 넘버원을 자랑하는 검색 서비스였다. 그리고 'LINE의 아버지', 즉 신중호를 일본에 파견하여 일본 시장에 두 번째로 도전하고 있는 와중이었다. 그렇게 검색 서비스를 확대하려는 네이버의 눈에 들어온 것이 높은 집객력을 자랑하던 라이브도어의 포털 사이트였다.

이미 라이브도어는 과거와는 전혀 다른 회사가 되어 있었다. 그래도 세상에서는 범죄자를 배출할 기업이라는 이미지가 남아있었기 때문에, 이 회사의 풍평 리스크를 진심으로 받아들일 수 있는 곳은 네이버 같은 외국계 기업이나 성인 콘텐츠를 포함한 엔터테인먼트 기업으로 성장하고 있었던 DMM 등 한정된 일부 기업뿐이었을지도 모른다.

> "라이브도어 사건이란 시련의 시기를 거치자, 최종적으로
> 라이브도어에 남은 사원 수는 전체의 10분의 1정도였을
> 겁니다." (전 라이브도어 사원)

그리고 이 시기에 라이브도어의 수장으로서, 업적을 착실하게 이끌어온 사람이 현재 LINE의 사장인 이데자와였다.

호리에의 존재가 지나치게 강력했던 라이브도어지만, 지금은 완전히 별개의 조직이 되었다—. 그런 메시지를 LINE의 사내외에 발신하기 위해서일까? 이데자와는 지금도 호리에몬이 날뛰었던 제1기의 라이브도어 관계자와는 '어른의 거리감'(전 라이브도어 간부)을 두고 있다고 말해진다.

……●같은 사원이라도 호칭은 'LD 씨'

이렇게 라이브도어는 NHN JAPAN의 자회사로서 새로운 걸음을 내디디게 되었다.

그러나 인수되었다고는 해도 라이브도어가 금방 NHN JAPAN의 일원으로 융화될 수 있었던 것은 아니다. 그 배후에는 인수 협상에서 체결된 '다섯 가지 조건'이 있었다.

- 라이브도어의 사명, 브랜드, 서비스, 조직은 그대로 유지한다.
- 라이브도어 사업은 현재의 운영 정책에 따라 운영한다.
- 라이브도어의 현 상근이사는 유임한다.
- 라이브도어의 종업원은 그대로 고용한다.
- 라이브도어의 성장을 지원한다.

이 조건 덕분에 라이브도어는 사업이나 인재는 그대로 유지하면서, NHN JAPAN에서는 독립적인 포지션으로 포털 사이트의 서비스를 계속할 수 있었던 것이다.

검색 서비스의 네이버 재팬, 온라인 게임 사업의 NHN JAPAN, 그리고 라이브도어의 3개사는 같은 회사 안에 있으면서도 서로간에 보이지 않는 '벽'이 있었다고 한다.

"회의할 때도 라이브도어 출신의 사원은 LD 씨(LiveDoor의 머리글자)라고 불렸습니다. 같은 회사에서 일하지만 실제로는 별개의 회사로 인식되고 있었습니다"라고 LINE의 사원은 말했다.

지금까지와 마찬가지로 포털 사이트를 운영하는 라이브도어 사업, 지금까지와 마찬가지로 검색 서비스를 제공하는 네이버 재팬과 온라인 게임이 주축인 NHN JAPAN이었다.

이미 스마트폰의 보급으로 모바일 시대가 도래하고 있는 가운데, 이 3개사는 여전히 독립된 상태로 사업을 운영하고 있었다. 게다가 새로운 성장 드라이버가 될 분야를 찾지 못하고 제각각 시행착오를 거듭하는 나날이 계속되었다.

그러다가 2011년 6월. 네이버 재팬의 팀이 만들어낸 서비스 중 하나였던 LINE이 공전의 히트를 불러일으켰다.

이 성공이 그때까지 뿔뿔이 움직이고 있던 각사의 운명을 바꾸게 된다. 그리고 거기에 모두의 도시전설의 해답도 있다.

······●주식회사 '라이브도어'가 사라진 날

2011년 12월. 당시 NHN JAPAN은 이듬해에 예정된 그룹 3사의 경영통합을 위한 준비에 들어가 있었다.

온라인 게임 사업을 중심으로 전개해온 NHN JAPAN, 검색 서비스가 중핵인 네이버 재팬, 그리고 인수한 라이브도어. 이제까지 뿔뿔이 사업을 전개하고 있던 3사를 하나의 법인으로 통합하는 것이 목적이었다.

한 지붕 아래서 함께 일하면서 최대한의 시너지 효과를 내자. 그런 M&A이상이나 윤리와는 반대로, 현실에서는 아직 각각의 회사가 다른 문화나 사업에 젖어있었다. 그런 분위기를 상징이라도 하는 것처럼 3사가 경영을 통합한 후의 비전을 사원들에게 설명하는 전체회의에서도, 회사 사이에는 눈에는 보이지 않는 '커튼'이 쳐져 있었다.

한 회사당 주어진 시간은 15분―. 이제부터 통합하는 회사의 미래상을 공유하기 위한 프레젠테이션임에도 불구하고, 현실에서는 각각 균등한 프레젠테이션 시간을 배분받은 3사가 회의 준비를 하느라 한창이었다.

그 기간 중 라이브도어의 사장(당시) 이데자와가 완전히 지쳐버린 것처럼 이런 말을 꺼냈다고 한다. "이제 그만둡시다. 이제부터는 LINE or Not(LINE인가 아닌가)입니다. 그걸로 충분해요."

각자 따로 놀던 조직이 크게 요동치기 시작한 순간이었다.

이데자와의 이 발언이 무엇을 의미하는지 이해가 되는가? 라이브도어는 2010년 5월에 인수된 다음에도 독립성을 존중하는 '다섯 가지 조건' 덕분에 고용이나 사업, 브랜드를 그대로 유지한 채로 경영

할 수 있었다.

당시 라이브도어의 사업은 라이브도어 블로그 등이 중심인 구舊 서비스가 여전히 인기를 유지하고 있었던 것은 분명하다.

반면 약점도 명확하기 보이기 시작했다. 미래의 성장 가능성을 점치고, 제로에서부터 새로운 서비스를 창출하는 작업에서 고전을 면치 못하고 있었던 것이다.

> "라이브도어는 사업을 재건하기 위하여 철저한 모네티이
> 즈를 추구해왔습니다. 그래서인지 새로운 서비스를 낳을
> 수 있는 '창의적'인 사고회로를 잊고 있었던 측면도 있습
> 니다." (LINE 경영 간부)

그러다가 2011년 6월에 발표한 것이, 네이버 재팬의 기획팀이 개발하고 있던 메신저 앱 LINE이었다. 발표 반년 후에는 세계 각지에서 이용자 수가 가속도적으로 늘어나 다운로드 건수가 1,000만에 이르렀다.

2001년의 제1기 일본진출에서 큰 재미를 보지 못했던 네이버 재팬으로서는 LINE이 처음으로 잡은 거대한 찬스였다.

그렇다면 라이브도어도 함께 협력하여 LINE의 성장에 사운을 걸어야하지 않을까―. 그렇기 때문에 이데자와는 별개의 회사로서 각자 사업을 운영하는 것은 "그만두자"고 말한 셈이나 다름없다.

그리고 전체 회의 당일. 발표된 프레젠테이션의 내용은 대부분이 LINE의 미래상에 집약되어 있었다. 목표는 LINE으로 누계 1억 명의 이용자를 획득한다는 점으로 초점이 맞추어졌다.

그러나 라이브도어의 관계자들은 애당초 네이버 재팬이 낳은 LINE의 '방관자'에 불과했다.

LINE을 만들어낸 것은, 이 책에서 여러 차례 언급했던 네이버 재팬의 신중호가 이끄는 프로젝트팀이었다. 그리고 현장의 중심은 현재 LINE의 기획실장인 이나가키 아유미가 맡고 있었다.

이나가키 팀은 당시 메신저 앱은 물론 IT 기술을 매개한 다양한 커뮤니케이션을 연구하고 있었다. 친구나 가족과의 대화에서 회사원의 명함 교환에 이르기까지, 매주 리서치해서 보고했다고 한다.

2011년 3월의 동일본대지진으로 통신회선이 혼란에 빠지는 경험을 한 이나가키 팀은 메신저 앱에 개발 자원을 집중하기로 결정했다. 현장은 밤낮을 가리지 않고 움직이는 상황이었다고 한다.

5월의 골든위크ゴールデンウィーク(4월 말부터 5월 초까지 공휴일이 모여 있는 일주일을 말한다)를 앞두고는 "휴일도 없이 출근"(이나가키)해서 팀의 전력을 앱의 개발에 쏟아 부었다고 한다. LINE이 탄생하기 직전이라 고양이 손이라도 빌리고 싶을 정도로 바빴다는 이 타이밍에, 라이브도어의 기술자들은 무엇을 하고 있었나—?

"아직 회사가 분리되어 있었으니까요. 무척 힘들어 보이기는 했습니다"라고 전 라이브도어의 기술 간부였던 LINE 상급집행임원 이케베는 회상한다.

그 후 LINE의 이용자가 급격하게 늘어난 것은 주지의 사실이나 당시의 라이브도어는 여전히 프로젝트에서 소외되고 있었던 것이다.

이케베가 담당하는 기술면에서도, LINE의 인프라 부분이나 시스템의 경우는 주로 모회사인 한국 네이버가 설계를 담당하고 있었으니 무리도 아니었다. 다수의 이용자가 주고받는 방대한 트래픽 관리나 글로벌한 데이터센터의 운영은, 네이버가 자신만만해하는 분야다.

당초에는 LINE의 호쾌한 진격을 곁눈질만 하던 라이브도어로서도, 이웃이 제작한 LINE의 성공이 더 이상 남의 일로 치부할 수 없는 레벨이 되고 있었다.

두 번 다시 찾아오기 힘들 것 같은 절호의 찬스를 놓칠 수는 없다. 앞서 언급한 이데자와의 판단에는 그런 계산이 있었던 것이 틀림없다.

전체회의를 마치고 해가 바뀌어서 2012년 1월. 법인격으로서의 라이브도어는 마침내 소멸했다. 사원들은 NHN JAPAN에 통합되었고, 2013년 4월에는 사명을 현재의 LINE으로 바꾸었다.

그 유명한 호리에몬, 호리에 다카후미가 설립하고 수많은 일본인의 뇌리에 깊이 새겨진 IT 기업의 이름은 '라이브도어 블로그' 같은 일부의 서비스명으로 계승되었다.

라이브도어라는 회사가 사라져서 섭섭하지는 않을까?

"원래 라이브도어도 호리에 씨가 사온 회사 이름입니다.
그쪽이 지명도가 높아서 사용했던 겁니다. 그렇다면 현재
는 LINE이 훨씬 유리하지요."

LINE의 간부가 "가장 원만하게 사물을 본다"고 평가하는 이케베
는 태연자약한 표정으로 그렇게 대답했다. 그리고 이때를 기점으로
라이브도어의 사원들이 본격적으로 LINE에 융합되기 시작했다.

가장 먼저 착수한 일은 LINE의 오리지널 앱 'LINE 운세'(2012년 8월)

	서비스 개시	서비스명	장르
1	2012년 4월	LINE Camera	사진 • 카메라
2	2012년 12월	LINE 플레이	게임
3	2013년 4월	LINE 운세	성격진단 • 점술
4	2013년 4월	LINE 만화	전자 코믹
5	2013년 4월	LINE NEWS	뉴스미디어
6	2013년 12월	LINE Q	Q&A 서비스
7	2014년 1월	LINE 디즈니 썸썸	게임
8	2014년 2월	LINE 레인저스	게임
9	2014년 8월	B612	사진 • 카메라
10	2014년 8월	LINE GET RICH	게임
11	2014년 11월	LINE BLOG	저명인용 블로그
12	2014년 12월	LINE Pay	모바일 결제
13	2015년 2월	LINE 아르바이트	아르바이트 구인 정보
14	2015년 6월	LINE MUSIC	정액제 맞춤형 음악 제공
15	2015년 12월	LINE LIVE	라이브 정보 제공 플랫폼

✉ LINE의 주요 패밀리 서비스

였다. 라이브도어 출신의 집행임원 모리 히로시가 맨 먼저 LINE측의 조직으로 뛰어들었다고 한다.

그리고 라이브도어의 고참 간부들도 잇따라 LINE의 사업에 깊이 관여하기 시작했다.

심플한 메신저 앱인 LINE에 블로그나 동영상, 뉴스 등 다종다양한 서비스를 첨가해가는 단계에서 그들이 크게 활약하게 되었다. 과거 포털 사이트에서 배양한 앱 개발의 노하우를 축적하고 있었기 때문이다.

기술자만이 아니었다. LINE 등의 제품 개발에 심혈을 기울이는 네이버 재팬에 비해서, 비즈니스 부문을 담당하는 라이브도어 출신자는 거기에 광고라는 형태로 돈을 벌어들이는 역할을 맡게 된다.

·····●라이브도어가 가르쳐준 LINE의 '돈벌이 방법'

2012년 6월, 일본 전국에 산재한 LINE 이용자의 앱 화면에 눈에 익은 캐릭터가 스티커가 되어 등장했다.

스파이더맨—. 거미옷을 몸에 걸친 주인공이 초인적인 능력으로 고층 빌딩 사이를 날아다니며 악을 물리치는, 유명 미국 만화의 주인공이다.

사실은 같은 달, 스파이더맨을 주인공으로 삼은 신작 영화「어메이징 스파이더맨」(소니 픽처스)가 일본 전국의 영화관에서 개봉될 예정이었다.

그 영화의 예고 캠페인의 일환으로서 채용된 것이 LINE이 성장하는 기폭제가 되었던 스티커였다.

천장에서 거꾸로 매달리고 분노에 떨고 거미처럼 기어 다니면서 악당들과 싸우는 모두의 영웅. 그런 스파이더맨을 귀엽게 표현한 스티커는 총 8종류. 이용자는 다운로드만 받으면, 날마다 커뮤니케이션을 할 때 이 스파이더맨의 스티커를 무료로 사용할 수 있는 시스템이다.

당시 일본 국내에서는 LINE의 다운로드 건수가 이미 1,000만을 돌파하고 있었다. 그런 LINE 이용자들의 스마트폰 위에서 스티커로 변신한 무수한 스파이더맨이 말 그대로 뛰어다녔던 것이다.

동시에 무료 스티커와 교환하는 방식으로, 스파이더맨이 영화 정보 등을 메신저로 발신하는 공식 어카운트가 LINE 상에서 설치되었다.

"여러분, 안녕? 사실은 오늘이 모두와 LINE에서 대화할
수 있는 마지막 날이야. (생략) 나쁜 짓을 하면 안 돼, 어메
이징!"

약 3개월에 걸친 스파이더맨의 캠페인이 막을 내리고 공식 어카운트가 최후의 메시지를 발신했을 때에는, 이미 113만 명이 스파이더맨의 정보를 받는 팔로워가 되어 있었다.

사람과 사람의 커뮤니케이션 사이에 자연히 녹아드는 스티커라는

광고 상품—.

기업측이 광고 예산을 지불해서 스티커로 마케팅을 벌인다는 완전히 새로운 이 수법은, 눈 깜짝할 사이에 문의가 쇄도하여 LINE의 인기 광고상품으로 변하게 된다.

그러나 거기에 LINE을 개발한 네이버 재팬과 모네타이즈에 분주했던 라이브도어, 두 기업의 문화가 혼합되어 있다는 것을 아는 사람은 적다.

·····●역경 속에서 성장한 광고 영업 정신

> "저는 프로그래밍도 디자인도 전혀 못합니다. 그래서 광고를
> 따오는 것이 제 역할의 전부입니다."

LINE의 광고 사업을 견인하고 있는 광고사업부장 고가 미나코古賀 美奈子는 자신에 대해서 이렇게 말한다.

광고 영업 사원으로서의 캐리어의 출발점은 2004년에 호리에몬, 즉 호리에 다카후미가 이끄는 라이브도어에서 광고 사업을 일으킨 멤버 중 한 명으로서 시작했다.

포털 사이트에 표시되는 배너 등에 유명 대기업의 계약을 얼마나 따낼 수 있을까? 세상에서 라이브도어의 지명도가 올라가는 가운데 고가의 광고 수완은 여기서 길러졌다.

그러나 고가 역시 2006년 1월에 발생한 라이브도어 사건 후의

거친 풍파에는 말려들 수밖에 없었다.

롯폰기힐즈에 들이닥친 도쿄지검 특수부의 수사는 라이브도어의 기업 이미지를 실추시켰다. 자사의 브랜드 이미지를 중시하는 일류 기업의 광고주가 거리를 두게 된 것도 무리가 아니었다.

"당분간 일본의 대기업을 상대로 영업을 하긴 어려울 것 같았습니다. 라이브도어는 '악'이라는 이미지를 씻을 수 없었으니까요." (고가 미나코)

그녀가 라이브도어의 재기를 걸고 광고 영업의 표적으로 삼은 곳은 외국계 기업이었다. 일본의 대기업과 비교하면, 광고비용 대 효과 등을 논리적으로 어필하기 쉽다. 더욱이 2~3년 사이에 외국인을 포함하여 경영 간부가 교체되는 일도 많아서 이미지 개선이 급하다고 판단했기 때문이라고 한다.

철저하게 외국계 기업만을 상대로 영업한 보람이 있었는지 일본 코카콜라의 광고 캠페인을 따내는데 성공했다고 한다.

포털 사이트를 방문한 수백만 명의 이용자에게 컴퓨터 모니터를 가득 채우는 동영상 광고를 내보내서, 마치 라이브도어 사이트가 (누군가에게) 점령당한 것처럼 보이는 아이디어를 채용했다.

당시 '라이브도어 잭'이라고 불렸던 이 수법은, 인터넷 이용자 중에서도 비교적 헤비 유저가 많았던 라이브도어 이용자들에게서 커다란 반향을 얻었다. 이렇게 사업 규모로는 훨씬 상위인 Yahoo Japan

©NP

에게도 게릴라적인 대항을 계속했다.

"코카콜라나 P&G 등 외국계 기업의 광고를 다시 따내면 대형 광고대리점도 라이브도어를 내버려둘 수 없을 것"이라는 고가의 예측이 주효하여, 조금씩 광고업계에서의 점유율을 회복해 나갔다.

그리고 2007년 4월에 시작된 신생 라이브도어는 2년째에 목표했던 대로 통년 흑자화를 달성했다. 그런 역풍 아래서 광고를 따내기 위하여 돌아다닌 라이브도어의 비즈니스 인재들은 2010년 5월의 NHN JAPAN에 인수된 다음 활약의 무대를 넓혀가게 된다.

……● '네이버 마토메'가 돈으로 변했다

라이브도어의 광고부대에게 검색 서비스를 전개해온 네이버 재팬의 문화는 완전히 이질적인 것이었다. 네이버 재팬은 검색 엔진이 본업인 한국 네이버의 자회사이기 때문에, 뛰어난 기술을 가진 엔지니어를 중심으로 이용자의 압도적인 지지를 얻을 수 있는 서비스 개발을 경영 방침으로 삼고 있었다.

그런 네이버 재팬의 기업문화를 표현하는 것이 '프로덕트 퍼스트'다. 첫째도 둘째도 뛰어난 서비스 개발이 다른 것보다 우선이라는, 제품 우선주의의 풍토다. 이용자의 체험이나 지지를 최우선시하는 바람에 모네타이즈를 뒤로 미루고 채산을 도외시할 때도 있다. 그런 분위기를 상징하는 것이 LINE이 탄생하기 전까지 네이버 재팬의 간판 서비스였던 '네이버 마토메'다.

이용자 끼리 다종다양한 토픽에 관한 인터넷 상의 정보를 깔끔하게 정리정돈해서 그것을 하나의 읽을거리로서 편집해주는 정보 사이트다. 이 서비스를 탄생시킨 사람은 전직 뮤지션이기도 했던 LINE 상급집행임원인 시마무라 다케시다.

"미래가 보이지 않아도 언젠가 수백만 명이 열광할 음악
을 만들겠다. 그것과 비슷한 심정으로 일했습니다."

다시 말해서 사업의 모네타이즈보다 최고의 서비스를 제공하는 것에 편중되어 있었던 것이다. 실제로 '네이버 마토메'는 인기 사이트였음에도 불구하고 광고 수익이 거의 없었다. 놀랍게도 네이버 재팬에는 영업 조직도 없었다고 한다.

거기에 모네타이즈의 문화를 도입한 사람이 앞에서 언급했던 고가였다.

"모네타이즈에는 타이밍과 연출이 중요합니다."

네이버 마토메의 프로젝트에 달려든 고가는, 시마무라와 함께 사이트의 편집 방침이나 방향성 등을 논의하면서 서서히 돈을 낳을 수 있는 아이디어를 제안해 갔다. 당시의 히트작으로서 자주 입에 오르내리는 것이 편의점 '미니스톱'에서 수주한 광고였다.

얼핏 보면 이용자가 작성한 마토메의 기사처럼 보이지만, 실제로는 광고비를 받아서 제작한 기사 형식의 광고였다. 거기에는 현장에서 경영자까지 올라간 미니스톱의 아베 노부유키阿部信行 사장(당시)과, 묵묵히 독자적인 노선을 묵묵히 걸어온 미니스톱의 일화를 애정을 담아 재미있게 소개하고 있었다.

이런 마토메 기사는 단순히 클릭을 유도하려는 배너 광고 등과는 색다른 연출 효과도 있었기 때문에, 그 후 업계서도 인기 광고 상품으로 성장시켜갔다.

네이버 재팬이 제작한 재미있는 인터넷 서비스를 바탕으로 라이브도어의 광고 부대가 돈을 끌어 모으기 위한 전선을 만들어갔다. 그것은 이제부터 개화할 LINE의 광고 비즈니스가 크게 성장할 것이라고 예감할 수 있는 일부시종이었다.

⋯⋯● 'LINE 대포'의 충격과 타임라인

"LINE 때문에 또 서버가 다운된 모양이야⋯⋯."

2015년, 광고업계의 일부 관계자들 사이에서 그런 정보가 떠돌아다녔다.

통신회사 KDDI는 같은 해 TV CF에서 커다란 반향을 불러일으킨 모모타로 등을 모티브로 삼은 캐릭터를 사용하여 LINE 이용자를 상대로 캠페인을 전개했다.

앞에서 언급했던 스파이더맨처럼 1,000만 엔 단위의 광고비를 지불하고 전 일본의 이용자들에게 스티커를 배포한 것이다.

그런데 스티커를 원하는 이용자가 쇄도하는 바람에 캠페인 사이트 등을 유지하는 인프라 부분의 부하가 '이상치'를 나타냈다. 그리고 광고대리점측이 KDDI를 위하여 준비했던 서버가 일시적으로 다운되는 사태에 빠졌다고 한다.

"LINE은 메시지를 발신하는 순간부터 수신한 이용자의 접속이 급증합니다. 일명 '스매쉬'라고 불리는 현상으로 지금까지 많은 광고주의 서버를 다운시키는 바람에 현재는 'LINE 대포'라고 부르고 있습니다."(광고업계 관계자)

팔면 팔수록 떼돈을 벌어들이는 스티커. 그러나 LINE은 이렇게 기업의 스폰싱을 받는 스티커의 배포 건수를 1주일에 3개까지로 제한을 두고 있다. 광고주가 아무리 원해도 그 건수를 늘리지지 않는 것이 실정이다.

"사실 LINE은 스티커라는 광고 방식을 아주 교묘하게 컨트롤하고 있습니다. 광고대리점과의 스터디 등을 통해서 요금이 높은 골든타임의 TV CF처럼 광고주의 고갈감을 탁월하게 조성하고 있는 것이지요."(광고업계 관계자)

또한 2016년부터는, 미국의 페이스북처럼 이용자의 정보가 시간별로 나열되는 타임라인에도 시험적으로 광고를 끼워 넣기 시작했다. 2011년 6월에 LINE의 서비스를 개시한 이후 실로 5년만의 일이다.

현재는 일본 인구의 절반이 넘는 6,800만 명의 이용자를 보유하고 있다는 LINE은 그 압도적인 리치, 광고가 도달하는 규모 때문에 광고 도구로서의 존재감을 더해가고 있다. LINE의 2015년도 매출은 약 1,207억 엔으로, 그 중 35%를 광고 사업으로 벌어들였다.

라이브도어는 광고만이 아니라 네이버 재팬이 만든 LINE에 부족한 부분을 메꾸는 역할을 도맡았다.

　운세에 만화, 블로그 등 LINE이라는 플랫폼에 담긴, '패밀리 서비스'라고 불리는 수많은 서비스를 확충하게 된 것이다.

　언제 어디서 얼마에 수익화하면 좋을까? LINE의 절묘한 조절 감각은 네이버 재팬과 라이브도어의 두 가지 문화가 절묘하게 조화를 이루었기 때문에 새롭게 탄생한 것이다.

　앞에서 나온 도시 전설의 진위가 어떤가 하면, 결론적으로는 옳지 않았다. LINE을 유지하고 있는 견고한 인프라나 시스템은 주로 한국 네이버가 지원해주기 때문이다. 그러나 라이브도어 출신의 사원들은 LINE의 광고 비즈니스를 크게 성장시키는 원동력이 되었고, 풍부한 패밀리 앱을 탄생시키고 있었다. 다시 말해서 완전히 다른 '전설'을 만들고 있다고 말할 수 있지 않을까?

⋯⋯인터뷰●호리에몬, LINE에 대해서 말하다

제4장에서는 LINE의 성장을 지원해온 라이브도어의 유전자에 관하여, 도쿄지검 특수부가 수사가 끝난 다음 라이브도어가 걸어온 역사와 함께 추적했다. 라이브도어라고 하면, 창업자인 호리에 다카후미가 지금도 여전히 상징적인 존재다. LINE에게 계승된 라이브도어의 장점이나 LINE의 향후의 잠재력에 대해서 호리에몬에게 물어보았다.

— 구舊 라이브도어는 호리에 씨가 만든 전설의 제1기, 사건 발생 후의 제2기, 그리고 네이버와 융합하는 제3기로 나눌 수 있습니다. LINE의 입장에서는 인수한 것은 제2기 이후로 호리에 씨가 있었던 시대와는 다르다는 의견도 많은데, 호리에 씨는 어떻게 생각하십니까?

그렇게 해두지 않으면 아마 LINE도 도쿄증권거래소의 상장 심사에서 떨어질 겁니다. (웃음) 몹시 신경을 쓰고 있다고 생각합니다. 이데자와 씨 역시 사건 때문에 조사를 받았으니까요. 논리가 아니라 감정적인 문제가 아닐까요? 증권회사 같은 곳에서는 아직도 저와 관계성이 있으면 상장시키지 않겠다는 말을 하거든요. 모두 속박되어 있다고 하는 것이 현실이 아니겠습니까. "저 녀석이랑은 같이 놀지 말라"는 동네 규칙 같은 것입니다. 누가 건드리는 것이 싫겠지요.

— 상장되면 LINE의 주식을 사실 겁니까?

안 사요. (웃음) 전 공개주식은 사지 않거든요. 공개주식은 기본적으로 오버 밸류니까요. 공개주식이라고 해도 주가가 상승하리란 확실한 보장도 없는데다가, 시장에도 끌려 다니고 시황에도 끌려 다닐 겁니다. 그다지 좋은 투자라고 할 수 없죠. 주식을 살 기회가 별로 없는 사람들의 시장이라고 저는 생각합니다.

— 그런데 LINE의 내부에는 호리에 씨가 설립한 라이브도어의 유전자가 흐르고 있습니다.

구舊 NHN JAPAN이 LINE으로 바뀌고 라이브도어 시대의 인재가 돌아오고 있습니다. 이른바 재입사가 많아요. 라이브도어는 인재층이 두텁거든요. 그래서 저 사건 한 번으로 사람이 순식간에 떠나버렸지만, 우수한 사람도 많았기 때문에 그 사람들이 돌아온 거지요. 다바타 다바타 신타로 · 법인 비즈니스 담당 상급집행임원나 이케베이케베 도모히로 · 서비스개발 담당 상급집행임원의 부하인 요시카와라든가.

— 그러면 사건 전의 라이브도어에서도 우수했던 사람이 LINE에 있다고?

용케 남거나 돌아왔다고 생각해요. 뛰어난 사람들이 남아 있습니다.

— 뛰어난 인재의 예를 들자면?

역시 이케베지요. 라이브도어 블로그를 만든 것은 전부 그의 힘이니까요. 원래는 사이버 에이전트에 인수된 유미루링크라는 작은 회사에 있었는데, 이케베만 왔습니다. 유미루링크는 그가 그만두면 그다지 의미가 없는 것이 아닐까 싶을 만큼 능력 있는 사람입니다.

저는 기술자의 채용전략을 중시해서요. 단 고가이고가이 단. 전 라이브도어 CTO라는 사람이 있는데 그를 채용한 후로 채용 전략이 제대로 움직였습니다.

그밖에도 코퍼레이트 비즈니스의 다니구치다니구치 마사토이라든가(도 좋은 인재였습니다). 아마 그는 줄곧 있었을 겁니다.

— 고가 미나코 사업부장도 광고 비즈니스를 이끌고 있습니다.

아~ 고가 말이군요. 고가는 (사건 전의 라이브도어에서는) 진짜

말단 영업사원이었습니다. (요즘의 활약을 듣고) 굉장하다, 많이 출세했다고 생각했습니다. 당시에는 영업 회의를 할 때 가장 말석에 앉았었으니까요.

— 사건 후에도 그만둘 생각은 없었다고 말씀하셨지요?

그 무렵은 라이브도어의 사원 정착률이 꽤 높아지고 있었습니다. 좋은 사람들, 뛰어난 인재가 모여들었으니까요. 지금 잃어서 가장 가슴 아픈 것이 그겁니다. 웹 서비스 같은 것을 만들 수 없으니까요. 반대로 당시는 그런 것을 사내에서 가지고 있었기 때문에 서버도 즉각 만들 수 있고, 좋은 환경이었습니다.

— 라이브도어는 2010년에 네이버 재팬에게 인수되었습니다. 라쿠텐 등 인수처 후보가 여럿 있었는데 왜 결국은 네이버였나요?

외국계 기업이라는 이유도 있지 않을까요? 일본 회사는 (라이브도어 사건의 이미지가 아직 남아있으니까) 무서워서 사들일 수 없었을 겁니다. 진짜로 사고 싶어 했던 곳은 DMM 정도가 아닐까요. 사실 DMM은 동인 콘텐츠를 판매하는 'DL 사이트'를 원했던 것 같아요. DL 사이트는 선정성 때문에 상장할 수 없으니까 지금은 (비디오 대여점인) 게오에게 갔지만요. 만남 사이트도 mixi의 아사쿠라 유스케朝倉祐介(전 사장)가 사들였죠.

— 호리에 씨 시대의 라이브도어와 현재 LINE에 남아있는 라이브도어 출신자들은, 인재층이 얼마나 겹쳐지나요?

파이낸스 계열만 없어지지 않았을까요? 나중은 데이터센터도 NHN 쪽으로 가버렸지요. 시마다 겐사쿠嶋田健作(전 사장)가 그만뒀는데, 그는 평사원으로 입사해서는 사장까지 올라갔습니다.

— 그런 패턴도 있군요.

저는 기본적으로 돈을 벌어들이는 곳에는 딱히 불평도 하지 않고 건드리지도 않는다는 매니지먼트입니다. 그래서 검찰의 추궁을 받았을 때 "당신 이렇게 마이크로 매니지먼트를 하면서 자금이 어떻게 돌아가는지 몰랐다는 거야? 거짓말을 하고 있지?"라는 말을 많이 들었습니다. 돈을 벌지 못하는 부문만 초 마이크로 매니지먼트를 하고 있을 뿐, 벌어들이는 부문은 부문장에 맡겨버립니다.

최초에 만들었던, 1998년 아이 모드의 제1호 콘텐츠는 제가 계속 관리하고 있지만, 이데자와 다케시현 LINE 사장가 벌인 사업에 대해서도 궤도에 오른 다음부터는 그다지 건드리지

©NP

✉ 호리에 다카후미 씨

않았습니다.

— 이데자와 사장을 처음 만났을 때의 인상을 기억하십니까?

아사히생명이라니 좋은 회사를 다니다 왔구나, 그런 생각?(웃음) 정말 좋은 사람이라고 생각했습니다. 담담하게 일을 하는 균형 타입이라고 할까요? 그렇게 대담한 투자를 하는 일도 매출이 크게 늘어나는 일도 없었지만, 계속 일정한 이익을 내는 타입입니다.

그 무렵 이데자와가 파견을 나왔다가, 아사히생명과의 합병 회사가 없어지면서 그대로 사원이 되었습니다. 당시 라이브도어의 과제는 영업이었는데, 그들은 데이터센터의 비용을 삭감해서 매출을 늘리는 업무를 하고 있었습니다.

— 왜 그가 라이브도어의 사장이 되었습니까? 사건과 어떤 관계가?

역시 라이브도어 사건으로 입은 상처가 얕은 사람이기 때문이겠죠. 체포를 당하는 일은 없을 것이라는.

— LINE에서는 '트로이카 체제'의 한 부분을 담당하고 있지요?

그런 상황에서 왜 이데자와를 사장으로 앉혔을까요? 제가 보기에는 역시 기반이 있고 마케팅 능력이 무척 뛰어납니다. 돈을 잘 벌어요. 해야 할 일을 제대로 하고 있다는 느낌이 들거든요.

— 호리에 씨는 '트로이카 체제'에 대해서 어떻게 생각하십니까?

저는 신중호 씨와 마스다 씨는 잘 모르니까 그 점에 대해서는 뭐라고 할 말이 없습니다. 모리카와(전 사장) 씨가 마지막에 가서는 '봉제인형' 같은 포지션이었던 것은 알고 있지만.(웃음) 하지만 그 분은 무언가 분위기가 있겠지요. 결국 모두가 그에게는 돈을 내니까요.

이데자와는 반대로 그다지 컬러가 없는 점이 컬러라고 할까요. 그가 우두머리면 사원들도 딱히 불만을 말하지 않는다고 할까요. 확실히 (구 라이브도어의) 모바일 사업부 사람들은 잘하고 있었습니다. 사장 자리가 적성에 맞는 것이 아닐까요.

……●라이브도어가 돈을 버는 방법

― 호리에 씨도 LINE을 이용하십니까?

일본에서 LINE을 사용하지 않으면 일을 할 수가 없잖아요.
사용하지 않는다면 커뮤니케이션을 하지 않는다고 말하는
것이나 다름없어요.

― 다만 마케팅 부분은 라이브도어가 담당한 곳이 상당히 많습니
다. 엄격하게 말하자면 네이버 재팬의 사람은 수익화 부분에 약
하지요?

LINE보다 훨씬 마이너한 플랫폼(인 라이브도어)에서도 벌어들
이고 있으니까요. 그래서 지금은 모두 LINE에서 기분 좋게
일하고 있지 않습니까. 지금까지 불가능했던 일이 간단히 가
능할 정도로.
LINE 뉴스 같은 것은 정말 다들 크게 기뻐하리라 생각합니
다. 왜냐면 줄곧 라이브도어 뉴스도 야후 뉴스를 이기지 못
했거든요. 발치에도 못 미치는 상황이었죠. 하지만 LINE이
되어 천하를 차지한 순간 완전히 교대되었으니까요.
블로그 역시 줄곧 아메바 블로그에게 뒤지고 있었는데 최근

에는 판세가 뒤집어지고 있어요. 유명인의 공식 어카운트를 만들어주는 대신에 블로그를 하도록 해서.

하지만 본래 거기는 라이브도어 블로그가 차지할 포지션이 었어요. 아무도 기억하지 못하지만 당시는 모두 라이브도어 블로그를 사용하고 있었습니다. 하지만 사건이 일어나는 바람에 순식간에 아메바 블로그에게 빼앗겼다고 할까요. 심지어 (사이버 에이전트의 CEO인) 후지타 스스무藤田晋도 호리에 씨가 없어진 덕분에 아메바 블로그가 잘 풀리고 있다고 말하더군요(웃음).

— 구(舊) 라이브도어의 사람들이 당시 하고 싶었던 일을 10년이 지난 지금 하고 있다고?

LINE 플랫폼에서 전부 역전시키고 있지 않나요? EC(LINE 몰) 정도일 겁니다. 잘 안 돌아가고 있는 곳은. EC는 만만치 않은 영역이니까요.

⋯⋯●LINE의 상장 문제

— LINE의 목표는 상장인데, 애초에 모자母子상장으로 얻게 되는 메
리트는 무엇일까요?

메리트고 자시고 기본적으로 모자상장은 안 되는 거잖아요.
좋지 않다고 생각합니다. 아무리 생각해도 자회사의 소수 주
주와 이익이 상반되는걸요. 기본적으로 인정해선 안 된다고
봅니다.

— 그렇다면 LINE의 상장도 반대하십니까?

아뇨, 아뇨. 조건부로, 다시 말하면 네이버가 순차적으로 소
유 주식의 비율을 낮추면 좋겠다고 생각해요. 그렇게 하지
않으면 자회사가 독립하기는 어려우니까요.

— 네이버는 왜 저렇게 지배권에 집착하는 걸까요?

뭐 이것저것 어렵겠지요. 왜냐면 네이버의 시가 총액은 절반
이상이 LINE의 평가 덕분이라고 생각합니다. 그러니까 그게
딜레마이겠지요. 한국의 사업 성적이 별로라면 한국의 사명

도 네이버에서 LINE으로 변경하고 한국에서 자금을 조달을 하겠죠.

다만 한국에서는 LINE도 전혀 지명도가 없고 역시 네이버의 나라가 아닙니까. 어려울 겁니다. 그러니 LINE으로서는 자금을 조달할 수밖에 없는 상황이라고 할까요. 하지만 지배권은 잃고 싶지 않은 모양입니다.

....

●LINE의 장래성

— 금후 LINE의 성장 잠재력은 어느 정도라고 생각하십니까?

글쎄요. 이제 기업을 인수하는 방법밖에 없지 않을까요? 인수 외에는 다른 브랜드의 앱을 만들어서 히트시키는 방법만 남아있다고 봐야지요. (전 세계에서 다운로드 건수 1억 5,000만이 넘은 셀카 앱) B612 같은 거 말이죠.

— 그리고는 LINE에 결제 등 오프라인 서비스를 탑재해간다?

그건 우월 전략Strategic Dominance, 독점적인 점유율이 이루어진 국가가 아니면 불가능합니다. 점유율을 독점한 국가에서는 그렇게 하면 되겠죠. 하지만 중동이나 아프리카 같은 곳은 힘들게 따내려 가야하죠. 라이트웨이트판인 LINE은 중요해질 것이라고 생각합니다.

다만 같은 라이트웨이트판인 페이스북 메신저도 상당히 완성도가 높으니까, 요는 아프리카처럼 아직 승패가 정해지지 않은 국가들을 무너트려가는 것도 하나의 방법. 하지만 점유율을 차지하지·못한 국가는 인수해갈 수밖에 없어요. 점유율을 높일 수 있을 것 같은 앱을·

— 페이스북이 인스타그램을 인수한 것처럼요?

혹은 동영상 앱이라든가. 그래서 인수 자금을 얻기 위해서도 꼭 상장할 필요가 있습니다. 다만 상장해도 페이스북은 10조 엔, LINE은 고작 2조 엔. 그래서야 인수 가능한 회사는 페이스북과 싸웠다간 반드시 지겠지요.

페이스북의 전략은 자기들에게 위협이 될 것 같은 서비스는 무조건 사들이는 겁니다. 사들이지 못하면 대항할 서비스를 출시해서 무찌른다는 전략이라서.

마침 페이스북은 현재 스냅챗 대책을 세우고 있지 않나요? MSQRDMasquerade라고 했던가, 인수했죠? 저 동영상 필터도 어디에 매력이 있는지 해보지 않으면 알 수 없잖아요. 하지만 알아내면 즉석에서 인수하든가 즉석에서 표절하든가 둘 중 하나죠.

LINE 역시 원래는 카카오의 표절이잖아요. 표절이 꼭 나쁘다고 말하려는 것이 아닙니다. 그리고 카카오는 왓츠앱의 표절인 셈이니까.

참고로 당시의 저는 카카오를 몰랐습니다. 마침 교도소에 들어가 있었던 때지요. 전 2011년 6월에 수감되었거든요.

— 때마침 LINE이 세상에 나온 달이군요.

그렇답니다. 그래서 전 LINE에 대해서 계속 몰랐습니다. 그래서 인스톨하지 않았어요. 인스톨한 것은 2013년에 석방된 다음입니다.

왓츠앱은 저도 사용하고 있었어요, 외국인 친구가 "왓츠앱은 편리하다"고 추천해서. 당시 iPhone과 블랙베리로 SNS 같은 대화를 주고받을 수 있었어요. 왓츠앱은 편리한 앱이라는 말을 하면서.

카카오도 나왔는지 안 나왔는지 모를 무렵으로, 저는 교도소에 있어서 메신저 비즈니스는 아무것도 할 수 없었습니다.

— 만약 라이브도어가 도산하지 않았더라면 호리에 씨도 LINE 같은 서비스를 만들었을까요? 호리에 씨가 왓츠앱을 사용한 시점에서 라이브도어도 표절해서 '라이브도어 LINE' 같은 서비스를 만들었다고 해도 전혀 이상할 것이 없겠군요?

라이브도어가 망하지 않았다면 그런 레벨의 이야기가 아니었을 겁니다. 그 정도 규모가 아니었겠죠. 애초에 소니를 인수하려던 때였으니까요. 오히려 소니를 인수해서 속공으로 iPhone을 표절하지 않았을까요?

소니의 컴퓨터와 플레이스테이션은 각각 레노버와 마이크로소프트에 팔면 금융이나 인터넷만 남습니다. 요는 스마트폰에 어울리는 회사로 만들려고 생각했거든요. 즉 폭발적으로 팔리는 퍼스널 디바이스.

나머지는 스마트폰용 앱이지만 그런 것이야 금방 만들 수 있으니까요.

그래서 LINE도 B612처럼 서비스를 재빨리 표절해서 점유율이 낮은 국가, 또는 승패가 정해지지 않은 국가에 뿌린다는 전략이 상대적으로 약자의 전략이 되겠지요. 나머지는 그 사이클이 얼마나 빠른지에 달렸습니다.

하지만 페이스북은 '초속'이라서 전혀 빈틈이 없어요. 이젠 무리일 겁니다.

— 하지만 페이스북의 스티커는 귀엽지가 않아요.

그런 의미에서 말하자면 거기가 페이스북의 사각일지도 모릅니다. 페이스북은 커스터마이징을 별로 해나가질 않아요. 일부러 하지 않는 것이겠지만. 미국의 문화를 억지로 밀어붙이는 느낌의 방법을 취하고 있지 않습니까. 일본용 스티커 같은 것은 전혀 낼 생각이 없는 것 같고. 그런 곳에 파고들어 공격할 수밖에 없지 않을까요?

— (메시지를 인공지능으로 주고받는) 봇Bot은 유행할 것 같습니까?

봇에는 그다지 흥미가 없습니다. 제가 사용하지 않으니까요. 하지만 역시 정보 리터러시가 낮은 사람은 검색 같은 것도 못하고, 원하는 사람이 일정 수 있다는 뜻입니다. 그것이 바로 시장 아닌가요?
그러니까 여러 가지 앱을 출시하면 좋지 않습니까. 무엇이 성공할지 모르잖아요. 출시도 나름대로 있는 셈이니까.
앞으로 역시 폭발적으로 성장하면 페이스북과 승부하게 될 겁니다. 페이스북과 진검 승부는 힘들 거예요. 그래서 LINE은 그들이 하지 않는, 하지 않았던 곳을 노릴 수밖에 없지 않을까요?

제5장

상장을 둘러싼 도쿄증권거래소의 본심

·····●상장이 답보상태였던 2년 동안의 진상

2016년 3월 초순, LINE의 재무부문 여성 간부가 발송한 1통의 이메일이 누구보다 소식이 빠른 사람들이 모인 증권업계에서 파문을 불러일으켰다.

"3월 31일부로 퇴직하게 되었습니다."

LINE처럼 IT 업계에서 급성장하고 있는 신흥기업에서는 사원이 새로 들어오거나 고참 사원이 그만두는 케이스가 일상다반사다. 그러나 그녀가 다른 사원들과는 전혀 다른 역할을 맡고 있었다는 사실을 친한 증권회사의 사원들은 알고 있었다.

LINE이 벼르고 벼른 주식상장IPO를 위한 준비 담당—.

복수의 관계자들에 따르면 그 여성은 LINE의 황인준 최고재무책임자CFO의 오른팔이자, 부담이 큰 상장 준비를 추진하는 업무를 맡고 있었다고 한다. 고교 시절에 한국에서 살았던 적이 있었기 때문에 한국어가 유창하기로도 유명했다.

일하는 모습을 지켜보았던 증권회사 사원은 "그녀는 일도 빠르고 한국어가 가능하기 때문에 모회사인 네이버에서도 귀중한 인재였다고 들었습니다. 실제로 각 증권회사와 LINE의 연결 역할로 열심히 뛰어다녔습니다."라고 말했다.

때마침 LINE은 2016년의 여름에 일본과 미국에서 '동시 주식 상장'을 하려고 한창 준비 중이었다. LINE으로서는 새 역사의 한 페이지가 열리는 중요한 이벤트를 앞둔 이 타이밍에, 그 중심에 있는 여성 간부가 갑자기 사임한 것이다. 그것도 달랑 메일 한 통을 보냈을 뿐 왜 그만두는지 아무런 설명도 없었다. 상식적으로는 도저히 이해하기 힘든 이례적인 일이다.

"이 회사는 정말로 상장할 수 있을까?"

바로 인수인계를 한 후임자가 있다고는 하지만, LINE의 주식 상장을 거들어온 간사 증권회사의 사내에서 불안해하는 목소리가 나오는 것도 무리는 아니었다.

돌이켜보면 LINE이 상장한다는 관측이 떠돌았던 것은 이번이 처음은 아니었다. 2년 전의 2014년 여름부터 일본이나 미국에서 상장을 노리고 있다는 뉴스가 미디어를 떠들썩하게 만들었다.

확실하게 말한 적은 없지만 사장인 이데자와 다케시도 "여러 가지 가능성을 검토하고 있습니다. 상장은 하나의 선택지입니다"라고 공언하고 있고, 경영진으로서 검토하고 있다는 것은 의심할 여지가

2014년
7월 LINE이 도쿄증권거래소에 상장 신청했다고 발표
9월 상장 연기를 발표
2015년
4월 두 번째 상장 신청이 화제가 되다
5월 여름의 상장 관측이 부상
8월 두 번째 상장 연기를 발표
2016년
3월 세 번째 상장 신청이 화제가 되다

✉ LINE의 상장을 둘러싼 관련 연표

없었다.

그런데 LINE의 상장이 처음 화제에 오르내리고 1년이 지나고 2년이 지나도록 LINE이 상장하려는 낌새가 좀처럼 없었다. 도대체 어째서일까? 상장을 둘러싸고 무슨 일이 일어난 것일까?

우리는 그런 소박한 의문을 풀고 싶어서 증권업계의 키맨들을 포함한 수많은 금융관계자들에게 이야기를 들어보았다. 거기에서 서서히 부상한 것이 LINE의 상장에 관하여 강력한 의사결정권을 가지고 있는 모회사인 한국 네이버의 '고집'이었다.

......●한국의 지배권을 잃지 않기 위한 스킴

"노무라증권이 도쿄증권거래소의 담당자들을 설득하지
못한 것이 원인이 아닐까? 도대체 어떻게 되어가고 있
나?"

지금으로부터 약 2년 전인 2014년, 주식시장이 LINE이 언제 상
장에 성공할 수 있을지 주시하고 있을 때의 일. LINE의 황인준 CFO
는 도쿄증권거래소의 상장 심사가 뜻대로 진행되지 않자 분노에 차
서 친한 금융관계자들에게 불평을 늘어놓았다.

그리고 좀처럼 화를 가라앉히지 못했던 이유가 있었다.

이미 설명했던 것처럼 LINE은 네이버의 100% 자회사다. 네이버
는 LINE의 경영에 관하여 온갖 것을 컨트롤할 수 있다. 그런 LINE을
상장시키려면 일정 비율의 주식을 주식시장에 풀지 않으면 안 된다.
도쿄증권거래소의 규칙에 따르면 LINE은 전체 주식의 35% 이상(도쿄
증권 1부 기준)을 시장에 유통시킬 필요가 있다. 그리고 당연한 일이지
만 모회사의 지배권은 주식을 매각한 비율만큼 약해진다.

하지만 네이버는 자신들의 영향력이 작아지는 것을 싫어했다.
현지 미디어에 따르면 네이버의 창업자 이해진은 LINE이 상장하면,
LINE에 대한 자신의 지배력이 약해지고 신속한 의사 결정이나 경영
판단이 어려워지는 것을 우려했다고 한다.

LINE을 상장시켜 자금을 조달하고 싶지만 지배권이 약해지는 것은 싫다ー. 네이버는 그런 고민을 해결할 스킴Scheme을 짜내고 있었다. 그것은 바로 '종류주식種類株式'이라고 불리는 특별한 주식을 발행한다는 스킴이었다.

여기서 종류주식에 대해서 간단히 설명해보자면, 이것은 모회사가 보유하고 있는 주식에만 특별한 지배권을 인정한다는 것이다. 구체적으로는 주식 시장에서 판매하는 보통의 주식과 달리, 모회사에게 주는 '종류주식'에는 10배의 의결권을 부여할 수 있다고 한다. 즉 자회사에 대한 영향력을 저하시키는 일 없이 주식시장에서 널리 자금을 조달할 수 있는 방법이다.

마치 모회사만 특별 취급하는 것처럼 보이는 이런 책략은, 당연하지만 누구나 자유롭게 이용할 수 있는 것이 아니다. 그 회사의 주식을 매매할 일반 투자가들도 납득할만한 대의명분이 있는지가 중요한 포인트가 된다.

무엇보다 일본에서는 주식을 상장하는 회사의 경영자나 모회사가 이런 종류주식을 보유하는 방법이 엄격하게 제한되어 있다. 그렇기 때문에 일본 국내에서 인정받은 케이스는 단 1건밖에 없다. 그것은 의료나 간호용 로봇 개발로 유명한 사이버다인(2014년 3월, 도쿄증권거래소 마더스 상장) 다.

사이버다인의 경우는 이 회사가 취급하는 최첨단의 로봇 개발 기술이, 예상외의 사건 때문에 해외에서 군사적으로 이용되는 리스크를 봉쇄한다는 것이 근거이다. 가령 뜻밖의 투자가가 주식을 독과점해도 이 종류주식을 가지고 있으면 경영자의 강력한 의사결정권을 지킬 수 있는 것이다.

> "증권회사도 열렬히 지원했고, 사이버다인의 경우는 종류주식을 사용하기 위한 대의명분이 있다고 도쿄증권거래소가 판단해서 이 스킴을 승인했습니다." (증권회사 관계자)

미국에서는 허들이 조금 더 낮아서, 기업 가치를 향상시키기 위하여 창업 멤버가 경영에 관할 필요가 있다고 인정될 경우 승인하는 케이스도 있다. 미국 실리콘밸리에 본거지를 둔 구글이나 페이스북 등은 이런 종류주식을 이용해서 창업자들이 파워를 유지할 수 있도록 규칙을 갖추고 있다.

그렇다면 LINE에는 어떤 대의명분이 있을까? 메신저 앱은 통신 인프라 중 하나로서 중요한 역할을 맡고 있기 때문에 종류주식 발행의 대상이 된다는 논리를 짜고 있을까? 실제로 LINE의 주간사증권인 노무라증권이 어떤 이유를 대었는지 상세하게는 모르겠다.

그러나 어쨌거나 "도쿄증권거래소는 LINE의 주장을 전혀 인정하지 않았습니다"고 금융 관계자들은 내부 실정을 밝혔다. 그래서일까? 황인준 CFO의 짜증은 심해질 뿐으로, 2014년 중으로 상장한다는 계획은 성공하지 못했다.

그럼에도 네이버는 LINE의 상장을 포기하지 않았으나, 좀처럼 인정받지 못하는 종류주식의 문제에 더하여 다음해 2015년에는 흔해 빠진 '어른의 사정' 때문에 불운을 겪었다.

그 해에는 일본 정부의 야심찬 프로젝트인 일본우정그룹의 상장이 대기하고 있었기 때문이다. '일본우정', '우정은행', '간포생명'이라는 거대한 그룹 기업 3개사가 나란히 주식 시장에 얼굴을 내밀었다. 그 시가 총액의 합계는 약 13조 엔에 달하리라 예상되었다. 일반인에게도 친근감이 많은 기업인만큼 그 해 최고의 이벤트가 되어 있었다.

만약 그것과 전후하는 타이밍에 LINE이 상장을 강행하면 투자가들이 주식에 쏟아 부을 자금이 분산될 리스크가 있었다. 그렇기 때문에 이 우정 그룹보다 먼저 커다란 상장 안건을 건드리는 것은, 증권회사들 사이에서도 "금기시되고 있었습니다"(증권회사 간부)라고 한다. 만약 거역할 경우, 정부의 야심찬 안건에 찬물을 끼얹었다고 간주될 것이기 때문이다.

이렇게 발이 묶인 LINE을 아랑곳하지 않고, 2015년 11월 4일에 우정 그룹 3개사는 무사히 상장에 성공한다. 상장 첫날의 거래 가격은 3개사 모두 공모가격을 상회하는 쾌거를 이루었다.

"네이버는 지금도 일본 우정을 원망하고 있을 것입니다."

이런 LINE의 불운을 잘 알고 있는 금융 관계자들은 당시의 상황에 대해서 이렇게 증언하고 있었다.

······●삼세 번째는 성공할 수 있을까?

그리고 LINE이 상장을 노린지 3년째가 되는 봄이 찾아왔다.
"LINE 말입니까? 올해도 상장은 하지 않을 겁니다."

증권회사, 감사법인, 벤처 캐피털······. 일본 국내에서 신규 상장 업무에 관여한 금융 관계자 대부분이 이미 '풍물시'가 된 LINE의 상장 관측을 이번에도 부정적으로 보고 있었다. 무엇보다도 상장 여부를 심사하는 도쿄증권거래소조차 앞으로도 LINE의 상장을 인정할 생각은 없다는 속내를 은근히 풍기고 있었다.

그러나 도쿄증권거래소의 그런 동향이 갑자기 크게 변한 것은 올해 5월 중순의 일이었다.

"빠르면 7월 상순, 미일 합쳐 약 2,000억 엔을 조달하는
것으로 최종 조정에 들어갔습니다. 드디어 LINE이 상장할
것입니다."

그때까지는 심각하게 생각하지 않고 흘려들었던 증권회사의 간부의 귀에도 급전직하, 신빙성이 높은 정보가 떠돌아다녔다. 그때까지

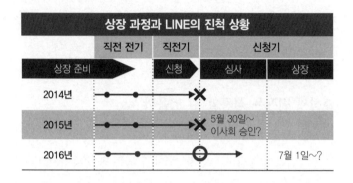

상장 과정과 LINE의 진척 상황				
	직전 전기	직전기	신청기	
상장 준비		신청	심사	상장
2014년	●　　●	✕		
2015년	●　　●	✕ 5월 30일~ 이사회 승인?		
2016년	●　　●	◯		7월 1일~?

* 취재를 기반으로 NewsPicks 편집부 작성

✉ 마침내 상장 심사!

몇 번이나 부상되었다가 '헛수고'로 끝난 LINE의 상장에 대해서, 이번 만큼은 지금까지와는 다른 정보가 포함되어 있었기 때문이다.

그 내용은 이렇다. 2014년부터 계속 상장 신청을 해온 LINE이지만, 사실은 지금까지 구체적인 심사 과정을 밟은 적이 한 번도 없었다. 즉 과거 2회(2014년, 2015년)는 상장의 '입구'에서 문전박대를 당했다는 뜻이다.

그러나 이번에는 도쿄증권거래소의 상장 심사를 담당하는 일본거래소 자주규제법인이 처음으로 LINE에 대해 구체적인 심사를 진행한 것이 명백해졌기 때문이다. 이것은 상장을 향해 사실상의 'GO 사인'이 떨어졌다는 것을 의미한다.

구체적인 스케줄을 보면, 5월 30일에 개최되는 이사회에서 최종적으로 LINE의 상장이 승인될 예정이라고 한다. 정석대로라면 그때부터는 증권회사가 투자가들에게 주식의 수요 상황에 대해서 들은 다음 마침내 소망하던 상장을 맞이하게 된다. 그 타이밍은 빠르면 7월 상순이 될 것 같다고 한다.

왜 이제야 2년 이상 걸린 상장이 현실미를 띠게 되었을까? 도쿄증권거래소 관계자나 증권회사 관계자들에게 취재해본 결과, 어렴풋이 드러난 열쇠는 크게 세 가지로 나눌 수 있었다.

첫 번째는 앞에서 설명한 대로, LINE의 모회사인 네이버가 고집하는 종류주식의 문제다. 이 종류주식 발행의 시스템을 사용하면, 네이버는 LINE 상장 후도 강력한 지배권을 유지하려고 애써왔다. 그러나 2016년에 들어와서 "종류주식의 이야기가 더 이상 나오지 않게 되었습니다"(증권회사 간부)라고 한다. 줄곧 고집해왔던 이 스킴을 단념한 것처럼 보여졌다.

두 번째는 LINE이라는 기업의 가치가 도대체 어느 정도의 금액이 될 것인가? 피크일 때는 1조 엔을 넘지 않을까 기대를 모았던 시가총액에 관하여, LINE측이 드디어 현실적인 금액을 수용하기로 결정했다는 것이다.

LINE의 상장 관측 뉴스가 처음으로 떠돌았던 것은 2014년, 당시는 페이스북이나 트위터 같은 세계적인 SNS를 운용하는 기업들이 미증유의 시가 총액을 과시하고 있었던 시기였다. 그렇기 때문에 글로벌하게 이용자 수가 늘어나고 있었던 LINE의 시가 총액을 2조 엔이라고 평가한 증권 애널리스트들도 있었던 것이다.

당시의 메신저 앱은 월간 이용자MAU의 수가 많으면 많을수록 장래의 수익력으로 그대로 직결된다고 믿어지고 있었다. LINE과 경합하는 메신저 앱 '카카오톡'은 운영회사인 한국 카카오사가 이미 상장하고 있었기 때문에, 그런 기업의 시가 총액 등도 참고하면서 긍정적으로 산출한 것이다.

당시의 카카오톡의 MAU는 5,000만 명으로 시가 총액은 66억 달러(약 6,800억 엔). 이에 비해서 LINE의 MAU는 카카오톡보다 3배나 많은 1억 7,100만 명이므로 시가 총액도 카카오사보다 3배 많은 2.3조 엔이라는 것이었다. 참고로 미국 페이스북의 MAU는 약 13억 5,000만 명으로 시가 총액은 2,113억 달러(약 22조엔)에까지 팽창해있었다. (이용자의) 숫자야말로 힘이다. 그런 식으로 밝은 미래를 믿는 것이 가능했다.

그러나 메신저 앱의 실제 매출이 드러나자, 세상이 열광할 만큼 압도적인 수익을 올리지 못한다는 현실이 명백해졌다. 역시 눈에 보이는 실적을 바탕으로 조금 냉정해지자고 생각한 것이다.

무엇보다 2015년에 LINE의 연간 매출은 1,207억 엔이 되었다. 앞으로 더욱 성장할 가능성을 가미해도 증권 애널리스트들이 타당하다고 견적한 시가 총액은 경합과 비교하여 매출의 7~13배, 금액으로 환산하면 8,600억 엔에서 1.6조 엔이라는 범위에 들어가게 된다. 대충 말해서 약 1조엔 정도가 아닐까 예상되었다.

물론 LINE측도 그런 환경의 변화에 대응하여 무작정 마케팅 비용을 투입해서 이용자 수를 늘리는 것이 아니라, 압도적인 시장점유율을 차지할 수 있는 전략국(일본, 대만, 태국, 인도네시아)에 경영 자원을 집중 투입해서 수익화시킬 방법을 구체적으로 제시해왔다.

끝없이 펼쳐진 꿈이 아니라, 실제로 LINE이라는 서비스를 사용해서 돈을 벌어들이겠다는 국면에 접어든 것이다. 성장 주식으로서 높은 잠재력이 기대되어온 LINE이었지만 터무니없는 시가 총액이 아니라, 시장이 납득할만한 금액으로 서서히 타협점을 이끌어내고 있었다고 할 수 있다.

그리고 세 번째가 자금결제법 위반의 혐의가 있다면서, 2016년 1월에 간토재무국이 LINE에 대해서 벌인 현장 검사다. LINE이 지금까지 제공해온 인기 게임 'LINE POP' 등의 과금 아이템이 법률상의 '통화'에 해당하는데도 불구하고, 이용자를 보호하기 위한 공탁금을 제대로 준비하지 않았다는 의심을 받았던 것이다.

가령 통화에 해당되면, LINE은 국가에 필요한 신고를 하지 않은 셈이라 법에 저촉될 가능성이 있다. 더욱이 LINE은 도산 등 만일의 경우에 대비하여, 이용자가 미사용한 과금 아이템의 잔액만큼 당국에 거액의 공탁금을 지불할 필요가 생긴다.

상장 심사에서는 기업의 컴플라이언스Compliance(법규 준수)체제에 대해서도 엄격한 심사가 실시된다. 마침 상장이 거론되던 타이밍이었던 만큼 "또 LINE의 상장은 요원해지는가"라는 목소리가 각종 미디어에서도 나오고 있었다.

물론 도쿄증권거래소도 이 안건을 문제시하고 있었다.

최종적으로 간토재무국은 2016년 5월 중순, 과금 아이템은 '통화'에 해당한다고 인정. LINE은 그 판단에 따르기로 결착했다. 상장을 목전에 앞두고 장애물이었던 컴플라이언스 문제도 간신히 정리가 된 것이다.

그리고 이 이야기에는 더 깊은 속내가 감추어져 있었다.

사실 도쿄증권거래소의 진짜 관심사는 LINE의 게임이 법에 저촉되는지 어떤지 — 과금 아이템이 '통화'인지 어떤지, 거액의 공탁금을 준비하고 있는지 어떤지 — 라는 점이 아니었다. 오히려 한국과 일본에 걸쳐서 하이브리드 경영을 하고 있는 LINE의 뿌리 깊은 거버넌스 Governance(기업 지배) 상의 문제를 주시하고 있었던 것이다.

·····●한국의 관련회사가 '멋대로' 운영

어째서 LINE 정도의 규모로 성장한 기업이 온라인게임을 운영하는 회사라면 누구나 알고 있을 '자금결제법'이라는 체크 사항을 못 보고 놓쳤던 것일까? LINE 관계자는 그 내정에 대해서 다음과 같이 밝혔다.

"간단히 말하자면 이 LINE POP이라는 게임은 한국에 있는 LINE의 관련 기업이 개발, 운영하고 있던 게임이었습니다. 일본에 있는 LINE 본사의 게임 사업부는 바다 건너에서 어떤 게임이 운영되고 있는지, 일본의 법률을 지키고 있는지, 그런 점을 파악하는데 소홀했던 것입니다."

2012년 11월에 공개된 LINE POP은 LINE 캐릭터들이 전원 등장하는 퍼즐 게임이다. 친구들과 치열하게 랭킹을 겨룬다는 점이 인기에 박차를 가한, LINE 최초의 히트작이기도 하다. 이용자 수는 점점 늘어나서 2014년 1월에는 다운로드 건수가 4,000만을 돌파. 더욱이 속편에 해당하는 'LINE POP 2'가 출시되는 등 지금도 인기 시리즈로서 정착하고 있다.

LINE은 2012년 7월에 서비스를 제공하기 시작한 'LINE 게임'의 본격적인 전개에 맞춰서 크게 붐을 일으키기 위하여 많은 모바일게임을 준비하고 있었다. 그 당시에는 크게 나누어 두 종류의 방법으로 게임을 개발하고 있었다.

하나는 스퀘어 에닉스나 코나미, 캡콤 등 일본의 게임 회사에 개발을 위탁했다. 순수한 일본산 게임. 또 하나가 'LINE의 아버지', 즉 신중호의 지휘 아래 한국에서 이미 유행하고 있는 게임을 한국에 있는 관련회사나 개발회사를 통해서 일본용으로 로컬라이징한 게임이었다.

"대부분의 예상과는 달리 한국에서 유행한 것을 일본용으로 로컬라이징한 게임이 압도적으로 히트를 친 것입니다.

한국에서는 카카오톡이 스마트폰 게임 분야를 선도하고 있고, 유행을 이끌어왔기 때문입니다." (다른 LINE 관계자)

그 필두 사례가 이미 한국에서 큰 성공을 거두고 있었던 퍼즐 게임 '애니팡'과 많이 닮은 LINE POP이었다. 동시에 이 게임의 성공은 거버넌스 상 심각하게 일그러진 구조를 낳게 된다.

간토재무국이 자금결제법의 '통화'에 해당한다고 인정한 것은 LINE POP 안에 마련된 아이템 '보물상자의 열쇠' 등이었다. 당초 이 '보물상자의 열쇠'는 어디까지나 게임 안의 보석상자를 열기 위한 아이템이었다.

그것이 나중에는 게임의 스테이지를 올린다든가 아이템을 얻기 위한 새로운 기능이 확충되어 갔다. 이런 열쇠는 게임 안에서 복수의 기능을 맡게 되었고 자금결제법에 걸리는 '통화'로서의 색채를 띠어 갔다. 그리고 법률에 저촉되는 기능이 왜 이처럼 추가되어갔는지가 문제였다.

"일본의 법을 잘 모르는 한국 측이 독자적으로 판단하여 자꾸자꾸 게임을 개선해버렸기 때문입니다." (LINE 관계자)

실은 LINE POP에서는 약 10명의 사원이 근무하는 한국의 제작 스튜디오가 개발을 담당하고 있었다. 물론 일본의 LINE 게임 측에도 담당자가 있었지만 한국 측의 운영에 대해서는 속인적인 방법에 맡기고 있었다고 한다. LINE의

©NP

게임 사업 내에서 한국 측이 주도권을 잡는 한편, 상대적으로 일본 국내의 컴플라이언스의 우선순위가 낮아져갔다고 할 수 있을지도 모른다.

·····●이용자의 데이터를 삭제하라!

"각자가 담당하고 있는 게임 콘텐츠에서 '통화'가 없는지 다시 한 번 체크해주세요."

LINE의 게임 사업에서 자금결제법 등에 관한 스터디가 열린 것은, 간토재무국의 검사가 실시되기 약 1년 전인 2015년 봄이었다. 이 검사 때문에 담당자들이 게임의 적법성을 하나하나 확인. 그런 가운데 이 LINE POP이 자금결제법에 위반될지도 모른다는 의혹이 부상했다.

이 게임 안에 남겨져 있었던 미사용 '통화'는 230억 엔이었다고 한다. 만약 당국에 공탁금을 지불하게 되면 금액은 그 50%, 단순히 계산해서 115억 엔이라는 막대한 금액이 된다. 이 시점에서 게임 사업과 법무 부문의 관계자는 문제를 인식했고, LINE 사내에서는 황급히 다양한 대처 방법을 검토하게 되었다.

최초에 실시한 것은 1년 이상 이 게임을 이용하지 않은 이용자의 데이터를 삭제하는 일이었다. 데이터를 삭제하면 미사용이었던 '통화'의 절대량을 줄일 수 있게 되어 공탁금의 총액을 압축할 수 있기 때문이다.

> "이용자의 데이터를 더 많이 삭제할 수 없나, 더 많이 삭
> 제할 수 없냐는 요구가 튀어나왔습니다." (LINE 사원)

더욱이 LINE 게임에는 1년 이상 게임을 이용하지 않는 이용자의 데이터를 삭제할 수 있다는 규약이 있고, 이번 비상사태에 직면해서 처음으로 적용되었다고 한다. 이 시점에서 실로 백만 명 단위의 이용자 데이터가 삭제되었다.

그 후의 대응 역시 빈말로도 칭찬할만한 것은 아니었다.

경영진이 내린 제안은 "사양을 변경하자"는 것이었다. 복수의 기능을 갖추고 있었던 '보물상자의 열쇠'가 법적인 '통화'의 대상이 되지 않도록 게임 사양을 몰래 변경한 것이다.

간토재무국이 현장검사를 실시한 것은 그 후의 일이었다.

LINE은 이 일에 관하여 "자의적으로 내부에서 처리하고 재무국에 신고하지 않았다는 것은 결코 사실이 아니다"라는 공식 견해를 발표했지만, 많은 관계자가 증언했던 당시의 실태와는 내용이 크게 달랐다.

" LINE은 게임의 판매처로서 그 작품의 법적 문제나 컴플라이언스를 관리할 의무가 있음에도 불구하고, 일본과 한국 사이에서 그 의무가 분단되어 있었습니다"라고 이 건에 대해서 잘 아는 당국의 관계자는 말한다.

그 결과 5월 중순에 보물상자의 열쇠는 '통화'로 인정되었다. 간토재무국은 "경영진이 담당자에게 책임을 떠넘겼다"면서 관리 체제의 개선도 요구했다. LINE 측은 철저하게 당국의 지도에 따르겠다는 자세를 취했다고 한다. 그러나 도쿄증권거래소로서는 이런 거버넌스에 대한 의심이 불식하기 어려운 우려 사항이었다.

·····●도쿄증권거래소가 안고 있는 상장의 트라우마

"게임 문제는 LINE을 상징하고 있습니다."

도쿄증권거래소 관계자는 한국과 일본에서 동시에 경영되는 LINE 이라는 기업의 조직 운영이나 의사 결정 과정을 이해하기 힘들다고 반복해서 강조했다. 그것은 자금결제법을 둘러싼 핀 포인트적인 문 제에서만 보이는 것이 아니다. LINE이 보유한 수많은 사업 구조에 널 리 퍼져 있다고 도쿄증권거래소의 관계자는 지적한다.

한국이 LINE의 모든 것을 지배하고 있는 것은—?

사실 LINE의 거버넌스 실태가 보이지 않는 것에 대해서, 도쿄증 권거래소가 이렇게 신경질적으로 반응하는 이유가 도쿄증권거래소 자신에게도 있다고 볼 수 있다. 과거 중국 기업이나 한국 기업 등 아 시아 기업을 적극적으로 유치해온 도쿄증권거래소가 크게 '상처'를 입은 과거가 있기 때문이다.

지금으로부터 15년 전의 2001년 4월, 한국의 서울 시내에 있는 호텔에서는 도쿄증권거래소 마더즈의 상장 지원 세미나가 열리고 있 었다. 도쿄증권거래소가 해외에서 주최하는 첫 세미나 개최지로 한 국을 선택했다는 것이 실로 흥미롭다.

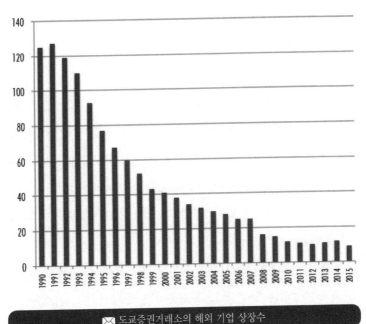

✉ 도쿄증권거래소의 해외 기업 상장수

회장에는 한국의 신흥기업 약 80개사 외에 노무라증권이나 야마토증권 SMBC(당시) 등 일본의 증권회사나 감사법인 관계자들 약 200명이 집결. 회장에서 강연한 즈치다 마사아키土田正顯 도쿄증권거래소 이사장(당시)은 당시 마더즈에서 처음 상장할 해외 기업에 대해서 "우선순위 넘버원은 한국 기업"이라고 단언했을 정도다.

이 무렵 도쿄증권거래소가 해외 기업 유치에 적극적으로 나선 배경에는, 거품경제 붕괴 이후 도쿄증권거래소에 상장하는 해외 기업이 감소 일로를 걷고 있다는 사정이 있었다. 1980년대에는 가파르게 늘어나던 해외 기업의 상장 수는, 피크일 때인 1999년에는 127개사에 달했지만 이 해를 기준으로 감소하기 시작해서 2000년에는 3분의 1인 41개사에까지 줄어들었다.

미국 휴렛 팩커드(1994년), 미국 제너럴 일렉트로닉스(1995년), 미국 AT&T(1997년), 독일 다임러 벤츠(1998년)······등, 유명 해외 기업이 일본 시장에 매력을 느끼지 못하게 되자 하나 둘 도쿄증권거래소를 떠나갔다. 한편 싱가포르증권거래소나 홍콩증권거래소 등 아시아 각국의 거래소가 서서히 세력을 확대하고 있었던 것도 도쿄증권거래소에 위기감을 불러일으켰다.

이대로는 일본이라는 로컬 시장의 지위로 전락하고 말 것이다.

제도 개정이나 정상 외교, 프로용 시장의 창설······ 다양한 방법을 고안하던 가운데 초조해진 도쿄증권거래소가 타깃으로 삼은 것이, 지리적으로도 가까운 중국이나 한국 등에서 활약하는 아시아 기업의 유치였던 것이다.

그리고 2007년 4월, 드디어 도쿄증권거래소의 아시아 기업 유치에 처음으로 응한 비원의 제1호 기업이 나타났다. 중국 본토에 거점을 둔 텔레비전 방송 관련 기업, 아시아 미디어다.

상장 신청 시의 유가증권보고서에 따르면, 주요 사업은 중국 각지의 케이블 방송국을 통해서 시청자에게 방송 가이드 정보를 제공하는 일이었다. 수입원은 여기에서 얻는 광고 수입이었다. 복잡한 업무의 전체상도 꼼꼼하게 기재되어 있지만, 일본의 투자가가 중국의 케이블 방송 사정이나 사업의 장래성을 판단하기는 어려웠을 것이다.

하지만 상장 지원은 흠 없는 체제에서 이루어지고 있었던 만큼 개인 투자가는 신뢰하고 있었던 것이 틀림없다. 무엇보다 주간사로 일본에서 가장 큰 증권회사인 노무라 증권, 감사로는 3대 감사법인 중 하나인 아즈사감사법인이 이름을 올려놓고 있었으며, 법률 고문으로는 4대 법률사무소 중 하나인 모리 · 하마다 마츠모토 법률사무소가 붙었다. 그야말로 '올 재팬' 체재에서 출항하게 되었다.

하지만 그런 가운데 사건이 터지고 말았다.

2008년 9월, 아시아 미디어는 도쿄증권거래소 마더즈에서 상장이 폐지되었다. 최초로 상장한 해외 기업이 상장한지 고작 1년 반 만에 '퇴장'한 것이었다. 게다가 그 이유는 최고경영책임자가 회사의 자금을 사적으로 유용하고 있었기 때문이다. 사실상 분식회계였다.

"투자가나 관계자 분들에게는 무척 죄송하고 유감스럽게 생각합니다."

도쿄증권거래소의 사이토 아츠시斎藤惇 사장(당시)은 기자 회견에서 이렇게 변명하면서 사죄했다. 하지만 "해외 기업 유치를 서두른 나머지 도쿄증권거래소의 심사가 허술했던 것은 아니냐"는 비난이 쏟아졌던 것은 말할 것도 없었다.

이 사건은 도쿄증권거래소에게 커다란 트라우마로 남았다.

아시아 미디어가 상장을 폐지하고 2년 후인 2010년 11월, 도쿄
증권거래소는 심기일전하여 새로운 '상장 유치 전략'을 내놓았다.

"해외의 미상장 기업 중에서 양질의 기업을 다수 발굴하
는 것은 어렵습니다."

새로운 전략 속에 담겨있는 것은 너무나도 믿음직하지 않은 소극
적인 문언이었다. 게다가 다음의 해외 타깃 기업은 본국 시장에서 이
미 투자가 보호를 꾀하고 있는 기업을 골라내서, 그들을 일본에서 중
복 상장시킨다는 고육지책까지 나와 있었다. 아시아 미디어의 실패
가 여전히 영향을 끼치고 있었다.

LINE의 상장 안건도 도쿄증권거래소로서는 당시의 실패를 떠올
리게 만든 것이 틀림없다. 모회사는 100% 한국 기업인데다가 거버
넌스가 불투명하다는 점이 우려되었다. 당시의 상처가 아직 아물지
않았던 도쿄증권거래소가 신중한 태도를 취하는 것도 무리는 아니었
다.

" 정말로 이 회사를 상장시켜도 좋다고 생각하십니까?"

2016년 5월 중순, LINE의 상장이 이미 규정 노선이었던 시기의

일. 도쿄증권거래소의 간부는 우리 취재반에게 이렇게 본심을 흘렸다. LINE의 상장을 승인할지 여부를 두고 도쿄증권거래소는 마지막 순간까지 골머리를 앓고 있는 것처럼 보였다.

그래도 전술한 세 가지 포인트에 대해서, LINE이 유례없는 큰 양보를 한 것이 그 후의 전격적인 전개의 복선이 되었다고 여겨진다.

⋯⋯●비원의 상장에 매겨진 가격

마침내 X 데이가 찾아왔다.

5월 31일 오후, 일본거래소 자주규제법인은 임시 이사회를 열었다.

지금까지 LINE의 상장에는 회의적인 것처럼 보였던 사토 다카시佐藤隆 이사장(전 금융청장관)을 필두로 한 멤버들은 이 날 드디어 상장에 대해서 최종 판단을 내렸다.

"7월에 도쿄증권거래소 상장, 시가 총액은 6,000억 엔"

다음 날인 6월 1일, 로이터통신이나 일본경제신문을 비롯한 주요 미디어도 일제히 오랜만에 대형 상장에 대해서 보도했다. 그러나 2년 전부터 상장을 노렸던 LINE으로서는 시가 총액이 대폭으로 줄었다는 커다란 '오산'이 포함되어 있었다.

그것도 그럴 것이 메신저 앱의 글로벌 경쟁 환경을 둘러보면 이미 미국 페이스북 산하의 왓츠앱, 중국 위챗 그리고 LINE이나 한국의 카카오톡이 지구의 대부분을 점령하고 있는 상황이었다.

그런 환경 아래서 LINE의 성장성을 과대하게 예측하여 증권회사가 정하는 공모가격에 비해서 상장 후의 첫 거래가격이 크게 떨어지기라도 하면, 틀림없이 노무라증권을 비롯한 주간사증권이 비판의 총알받이가 될 것이다. 2016년 최대급의 상장 종목이자 주목도가 높은 안건이라면 더욱 부담이 커진다.

"얼마 전까지 짜고 있었던 성장 시나리오를 보수적으로
견적할 수밖에 없게 되었습니다." (증권회사 간부)

즉 7월의 상장을 앞두고 LINE의 실제 기업 가치가 어느 정도인지 좀처럼 결론을 내리지 못하여 주간사증권 측과 갈등하고 있었다. 이번에 LINE측은 시가평가액에 대해서 크게 양보하고 있었다.

더욱이 증권회사의 태도가 소극적이었던 것은 각 주간사증권사에는 결코 '달콤한 조건'이 아니었기 때문이다.

가령 LINE이 상장 덕분에 1,500억 엔의 자금을 조달할 경우 증권회사가 얻을 수 있는 수수료는 일반적으로는 4% 정도이므로 금액으로 환산하면 약 60억 엔이 된다. 그런데 LINE의 상장에서는 이미 7개의 증권회사가 관여하고 있었다.

미일 동시 상장의 글로벌한 주간사증권회사)가 일본의 노무라증권, 미국의 모건 스탠리, 골드만 삭스, JP 모간의 4개사. 여기에 미국의 간사증권으로 뱅크 오브 아메리카 메릴린치, 도이츠증권, 그레디 스위스의 3개사가 더 참가할 예정이었다.

그렇게 되면 한 회사당 수수료는 단순 계산으로 10억 엔에도 미치지 않는다. 대형 상장 안건의 수수료는 20억~30억 엔이 일반적이기 때문에 "2년이나 질질 끈 상장치고는 전혀 이득이 없다습니다"(증권 관계자)라는 것이 거짓 없는 본심이었다.

2016년 6월 2일. LINE의 상장 안건을 담당한 증권 각사는 LINE의 진짜 가치를 다시 산정하기 위한 전화회의(매도 실사 회의)를 실시했다. 결론을 말하자면, 전화회의를 마친 적지 않은 증권 회사의 담당자들은 내심으로는 이미 LINE의 성장성에 한계를 느끼기 시작하고 있었다.

"LINE의 시가총액이 6,000억이라고 해도 그것이 적정가격인지 의견이 분열되어 있었습니다."(증권회사 간부)

하지만 아무리 성장성에 물음표가 붙어도 이제 와서 달리기 시작한 LINE 상장이라는 열차를 멈추는 일은 불가능하다. 증권회사는 다만 그 선로를 정비해갈 뿐이다. 그 앞에 어떤 성장 시나리오를 꺼낼지는 결국 LINE의 경영진에 달려있는 것이다.

······●지배력 유지를 위한 '신의 한 수'

2016년 6월 10일. NewsPicks 취재반이 상세하게 보도했던 대로 LINE은 무사히 도쿄증권거래소에서 상장 승인을 받았다.

오랜 목표가 달성된 것이라 LINE의 사내만이 아니라 모회사인 한국 네이버도 대단히 기뻐했을 것이다.

그로부터 약 1개월 후인 7월 15일에는, 마침내 도쿄증권거래소라는 실제 시장에서 LINE이라는 기업에 어느 정도 가치가 있는지 '첫 거래 가격'이 매겨지게 되었다. LINE의 개시 자료에 따르면 이 회사의 기업 가치는 현재 5,800억 엔으로 계산되어 1주당 2,800엔으로 공모하게 될 것 같았다.

무엇보다 도쿄증권거래소는 새로 주식을 상장하는 LINE이라는 회사에 대해서 개인 투자가용으로 개요를 소개하는 자료를 홈페이지에 게재했지만, 거기에는 극히 일부의 사람만이 이해할 수 있는 아주 놀라운 문장이 포함되어 있었다.

"한국 네이버가 LINE 주식의 80% 이상을 보유한 상태에서 LINE을 상장한다."

여기서 기억을 떠올리길 바란다. 도쿄증권거래소에는 상장과 관련된 사람이라면 누구나 알고 있는 규칙이 있다. 그것은 회사의 전체 주식의 35% 이상(도쿄증권거래소 1부)을 오픈된 시장에 유통시키고 거기서 매매해야만 한다는 것이다. 이것을 LINE에 적용시키면 모회사인 네이버는 현재 100% 장악하고 있는 LINE 주식에 대해서 보유 주식 비율을 65% 이하로 낮추는 것을 피할 수 없게 된다.

그렇다면 왜 LINE이라는 회사를 완전히 지배할 수 있는 전체 주식의 80% 이상을 보유한 상태로 상장할 수 없는 것일까? 도대체 어떤 수법을 사용했을까? 주간사증권으로 일하는 노무라증권이 막판에 새로운 스킴이라도 찾아낸 것일까? 도쿄증권거래소의 간부는 다음과 같이 그 비밀을 밝혔다.

"사실은 도쿄증권거래소의 상장규칙서에는 일본과 해외에서 동시 상장하는 케이스에만 적용할 수 있다는 '단서'가 은근슬쩍 달려있습니다. 거의 전례가 없어서 금융의 프로라도 모르는 사람이 있지만 유통하는 주식의 총액이 10억 엔 이상이면 일본 국내에서는 필수적으로 35% 이상의 주식을 유통시켜야한다는 규칙에서 면제됩니다. LINE은 일본과 뉴욕에서 동시에 상장하기 때문에 이 혜택을 받을 수 있습니다."

거기서 궁금해지는 것이 LINE은 왜 미일 동시 상장을 고집했는가 라는 점이다. 미국에는 LINE의 이용자가 극히 적고 지금도 브랜드 지

	이름	스톡옵션 (신주예약권) 할당 주식	상정매각이익 (엔)
1	신중호	10,264,500	151억9,145만
2	이해진	5,572,000	82억4656만
3	이준호	1,638,000	24억2,424만
4	박의빈	109,000	1억6,132만
5	이데자와다케시	96,500	1억4,282만
6	마스다준	94,500	1억3,986만
7	김성훈	90,000	1억3,320만
8	양희찬	80,000	1억1,840만
9	고영수	74,500	1억1,026만
10	양석호	69,500	1억0,286만
11	강병목	59,000	8,732만
12	이정화	56,500	8,362만
13	이케베도모히로	55,500	8,214만
14	모리카와아키라	52,500	7,770만
15	강현빈	51,500	7,622만
16	김대석	48,000	7,104만
17	권순호	48,000	7,104만
18	장정호	43,500	6,438만
19	시마무라다케시	38,500	5,698만
20	다바타신타로	36,500	5,402만
21	최민수	35,500	5,254만
22	박영희	35,500	5,180만
23	이석찬	35,500	5,180만
24	권순조	34,500	5,180만
25	최철호	34,000	5,032만
26	천연희	33,000	4,884만
27	이종원	32,500	4,810만
28	기고간	32,000	4,736만
29	손기욱	32,000	4,736만
30	최주원	30,500	4,514만
31	이나가키아유미	30,000	4,440만
32	김동현	30,000	4,440만
33	배민호	29,000	4,292만
34	이용현	28,500	4,218만
35	오병용	28,500	4,218만
36	사사키다이스케	28,000	4,144만
37	스기모토겐이치	27,500	4,070만
38	이수안	27,500	4,070만
39	김남일	27,500	4,070만
40	오치아이노리타카	27,000	3,996만
41	가타노히데토	26,500	3,922만
42	이종민	26,500	3,922만

43	야지마사토시	25,500	3,774만
44	임만기	25,000	3,700만
45	유금룡	25,000	3,700만
46	박재현	25,000	3,700만
47	박진수	25,000	3,700만
48	임도홍	24,500	3,626만
49	이은정	24,000	3,552만
50	그외1519명	6,104,000	평균595만
합계		25,526,500	

*상정 매각 이익은 LINE 주식의 취득 단가를 1주당 1,320엔,
시장에서의 주식 매각 단가를 공모가격인 1주당 2,800엔으로 계산.

✉ 스톡옵션에서 읽을 수 있는 한일격차

명도가 낮다. 지금까지 일본과 더불어 동시 상장하겠다고 고집을 부린 이유 중 하나는, 이런 규칙이 적용되길 노리고 있었기 때문이 아닐까?

물론 글로벌하게 전개하는 메신저 앱으로서는 해외에서 지명도를 높이거나 브랜드를 정착시키는 것이 중요한 경영 전략의 일환인 것은 틀림없다. 그러나 현재 LINE이 미국의 페이스북처럼 강력한 라이벌의 홈그라운드인 북미시장의 마케팅에 크게 주력하지 않았던 점을 고려하면, 미일 동시 상장은 한국 네이버의 지배권을 유지하기 위해서였던 것은 아닐까? 일련의 흐름을 보면 그런 추측마저 들었다.

······● 명명백백하게 드러난 '진정한 서열'

LINE의 상장이 승인된 덕분에 또 하나, 인간의 욕망에 직접적으로 관련된 보수에 대해서도 명명백백해진 일이 있었다. 그것이 LINE

의 경영진이나 사원들에게 할당되었던 스톱옵션의 엄청난 격차였다.

스톡옵션이란 자사의 주식을 보수로서 경영진이나 사원들에게 부여하는 일이다. 일하면 일할수록 자사의 업적이 성장하고, 그것이 주가 상승으로 연결된다. 그런 플러스의 사이클을 낳기 위한 보수 시스템이라고 할 수 있다. 물론 회사에서 달성한 업적의 중요성이나 공헌도에 비례하여 부여되는 스톱옵션의 주식 수라는 것도 정해진다.

그렇다면 LINE이라는 회사에서 중요한 역할을 하고 대량의 스톱옵션을 받은 사람들은 과연 누구일까? 다음 페이지의 표는 개시자료를 통해서 명백해진 스톱옵션의 보유 랭킹이다.

아마 LINE의 사원이라고 해도 이 랭킹을 보고 깜짝 놀란 사람이 많이 있을 것이다. 이것은 어떤 의미에서는 LINE이라는 조직 내부의 진정한 서열을 나타내고 있기 때문이다.

단연 넘버원인 사람은 우리가 사실상 LINE의 경영자일 것이라고 추측해온 'LINE의 아버지', 즉 신중호다. 가령 자료에 적혀있는 대로 여기에 부여되어 있는 모든 스톡옵션이 1주당 1,320엔으로 취득 가능하고, 공모 가격인 2,800엔에 전부 매각하게 되면 단순히 계산해도 151억 9,146만 엔의 매각 이익이 예상된다. 일반인은 상상도 하기 힘들 정도의 억만장자지만 그만큼 크게 공헌했다는 뜻일 것이다.

신중호의 다음이 한국 네이버의 창업자인 이해진으로, 이미 9억 3,500만 달러(약 1,000억 엔)이라는 엄청난 자산을 구축하고 있는 코리안 드림의 체현자이다. 이번 LINE의 상장으로 부여받은 막대한 스톱옵션의 가치는 오랜 고생 끝에 얻어낸 빛나는 훈장이나 다름없을 것이다.

또 과거 신중호와 함께 한국의 검색 엔진 벤처기업인 '첫눈'에서 동고동락했던 동료들도 당당하게 명단에 올라와있다. 최고기술책임 자인 박의빈(4위)이나 LINE 플러스의 경영기획실 등에서 중요한 포지 션을 맡고 있는 고영수(9위) 등이 그 대표일 것이다.

이 밖에 LINE이라는 회사에 정통한 사람이라면 저절로 눈길이 가 는 것이 11위에 올라와 있는 강병목일 것이다. 그는 앞서 칼럼에서 도 소개한 바 있는 인물로, LINE의 스티커로 사용되는 귀여운 캐릭 터를 그려온 한국인 일러스트레이터다. 과거 웹툰 작가였던 이 젊은 일러스트레이터는 LINE의 전 사장인 모리카와 아키라와 거의 동등한 스톱옥션을 받고 있었다.

개시된 상위 49명의 이름을 살펴보면, 그 중 75%에 해당하는 37 명이 한국 측 경영진이나 사원이라는 사실이 뚜렷하게 드러난다. 한 국 네이버의 자회사라는 자본관계를 고려하면 당연하다고 할 수 있 지만, 그래도 LINE이라는 회사를 상징하는 중요 인물 리스트라고 말 할 수 있다.

2014년 여름부터 소문이 떠돌다가 2016년 7월에 겨우 실현된 LINE의 주식 공개는 이 회사의 '한류 경영', 그 자체를 반영하는 클라 이맥스가 될 것이다.

에필로그

LINE은 왜
일본에서
태어나지 못했나?

mail friend contents SNS mail friendcontents SNS
giftshop timeline wifi giftshop timeline
succes follow photo succes

●LINE의 아이콘은 어째서 녹색일까

LINE의 아이콘은 어째서 녹색일까? 무척 자연스럽게 사용하고 있기 때문에 아무런 의문을 느끼지 않는 이용자가 대부분일지도 모른다.

가장 알기 쉬운 설명은 LINE의 모회사인 한국 네이버의 코퍼레이트 컬러이기 때문이라는 것이다. 1999년에 설립된 네이버는 본사 빌딩에 '그린 팩토리'라는 이름을 붙이고 사무실 도처에 녹색을 사용하고 있다.

LINE을 개발한 것이 네이버의 일본 자회사, 네이버 재팬이라는 역사를 고려하면 그 아이콘이 녹색인 것도 아주 자연스럽게 생각된다. 도쿄 시부야에 있는 히카리에의 본사도 이 메신저 앱과 똑같은 녹색 톤으로 디자인되어 있다.

한편 그런 것이 아니라는 설도 있다.

2011년 6월에 발매된 LINE의 개발 코드가 'green talk'라서 녹색을 사용했을 뿐 네이버의 코퍼레이트 컬러와는 직접적인 관계가 없다는 것이다.

"디자인팀에서 맨 처음 올린 앱의 컬러는 보라색이었습니다. 그것을 녹색으로 변경한 이유는 iPhone에 이미 인스톨되어 있는 메신저 앱이 녹색이었기 때문입니다. 모두가 당연한 것처럼 사용하는 스마트폰 앱이 되기를 바라는 마음에서 녹색으로 결정한 겁니다" 하고 어느 LINE의 경영 간부는 설명했다.

또 LINE이 서비스를 개시한 당초에 중요 타깃으로 삼았던 대상이 여성 이용자이고, 여성들이 지지하는 색을 검토한 결과 녹색으로 결정했다는 설도 있다. 게다가 한 발 먼저 출시된 경합 서비스가 각각 보라색(바이버Viber), 노란색(카카오톡)이라서 사용할 수 있는 색의 선택지가 한정되어 있었을지도 모른다.

어느 설이 맞는지는 알 수가 없다. 어쩌면 모든 설이 조금씩 맞을지도 모른다.

'정답'과 '오답'에 확연하게 선을 그을 수 없는 상황은 LINE의 컬러에만 국한된 일이 아니다. 이 책을 쓰면서 NewsPicks 취재반이 밝혀내려고 생각했던 세 가지 의문에 관한 것도 마찬가지다.

의문① 누가 진짜 사장인가?
의문② 어디가 진짜 본사인가?
의문③ LINE은 어떻게 만들어졌는가?

우리는 이번에 널리 알려져 있는 LINE의 '공식 역사'에는 기록되어 있지 않은 부분을 추적했다. 그리고 LINE이 탄생하기 이전까지 거슬러 올라가 그 뿌리를 추적했다. 수많은 인터뷰와 현장 취재를 통해서 LINE이라는 회사에는 '또 하나의 사장'이 존재하고, '또 하나의 본사'가 세워져 있고 '또 하나의 개발 비화'가 있다는 것을 공식적으로 그리고 비공식적으로 추리할 수 있었다. 일본인가 한국인가, 거기에는 뚜렷하게 선을 그어 구분할 수 없는 에피소드가 넘쳐난다.

·····●일본 IT산업의 '거울'인 LINE

다만 재삼 강조하지만, 우리가 이 책을 통해서 LINE이 일본제인지 한국제인지 따지는 헛된 논의를 불러일으키고 싶은 것은 아니라는 점이다. 취재반이 수없이 취재를 거절당하면서도 어떻게든 LINE의 감추어진 역사를 쓰고 싶다고 생각했다. 이 취재가 현재 세계에서 일어나고 있는 산업 변혁으로 이어지는 것을 본다는 것을 의미하고, 독자에게 도움을 줄 수 있다고 믿고 있기 때문이다.

아시아에서 IT 산업의 승자는 어떤 문맥 속에서 태어났을까? 그것은 어떤 경영 판단 덕분에 성장할 수 있었을까? 거기에서 중핵이 되는 인재는 어떤 백 그라운드를 가지고 있을까? 앞으로 디지털 혁명의 세계는 점점 더 확대될 것이다. 이런 사실들을 세세하게 밝혀낼 수 있다면 글로벌 경쟁에서 승리할 수 있는 힌트가 될 것이 틀림없다.

이 책에서는 일본에서는 거의 언급되지 않았던 'LINE의 뒷모습'을 밝혀왔다. 일본이 앞이고 한국은 뒤. 그러나 그것을 뒤집어서 한국 측의 시점에서 LINE의 역사를 바라보면 그들은 일본에서 또 하나의 경영자, 또 하나의 본사, 또 하나의 메신저 앱을 만드는데 성공했다고 생각할 수도 있지 않을까?

세계적으로 성장하고 있는 LINE이 일본에서 탄생했다는 스토리가 일본인의 귀에는 달콤하게 들린다. 그렇기 위해서 일본경제신문을 비롯한 대형 미디어도 '순일본제', '일본발'이라는 수식어를 써가면서 LINE을 소개해왔다. 특히 구글이나 애플, 페이스북 등 미국발 서비스가 전 세계를 석권하고 있는 IT 업계에 있어, 자신의 조국에서 이렇게 훌륭한 서비스가 탄생한 것이라고 한다면 일본인으로서는 크게 용기를 얻을 수 있을 것이다.

하지만 취재를 거듭할수록 한국 자본의 네이버가 갓 창업했을 무렵부터 일본 진출이라는 목표를 세우고, 10년 이상의 우여곡절 끝에 LINE의 성공을 탄생시켰다는 '의미'를 보다 심각하게 받아들여야 한다고 생각하게 되었다.

LINE을 만든 나라는 일본이고, 낳은 사람은 일본인이다. 그런 스토리를 맹목적으로 믿는다는 것은, 마치 그림동화의 '백설공주'에서 자신이 얼마나 아름다운지 거울을 향해서 질문하는 왕비와 크게 다를 바가 없지 않은가.

"거울아, 거울아. 전 세계적으로 가장 크게 성장하고 있는
메신저 앱 LINE은 도대체 어느 나라가 만들었느냐?"
"그것은 일본의 기업입니다."

그러나 진짜 모습은 일본과 한국의 국경을 초월해서 태어났다는 것이다. 이 책에서는 그런 진실을 반영하여 일본에게 정직한 '거울'이 되고 싶다는 마음을 담았다. 그렇기에 독자들이 받아들이기 힘든 내

용이 있었을지도 모른다.

……●일본기업의 쇠퇴와 LINE의 등장

LINE의 뿌리인 한국 네이버가 탄생한 것이 1999년이라는 사실은 세계의 인터넷 산업을 조감鳥瞰할 때 커다란 의미가 있다.

당시 일본을 대표하는 글로벌 기업이었던 소니는 전 세계의 사랑을 받았던 '메이드 인 재팬'의 대표격이자, 2000년 3월에 피크였던 시가총액은 15조 엔을 너끈히 넘고 있었다. 이데이 노부유키出井伸之 CEO(당시)는 "인터넷은 운석이다"고 단언하고, 참신한 가전제품을 내놓아온 그 이미지와 더불어 마치 디지털 시대의 예언자 같은 존재로서 숭배되고 있었다.

실제로 애플의 공동 창업자인 스티브 잡스도 소니의 제품에 관심이 많은 것으로 유명했다. 음악 플레이어 iPod를 발매했을 때 이것을 21세기의 워크맨이라고 선언했다. 그 후에 초박형 컴퓨터 MacBook Air를 발표한 프레젠테이션에서도 소니가 내놓은 노트북 'VAIO'의 최신작을 경쟁 제품으로 내세우고 있다. 소니는 위대한 벤치마킹의 대상이기도 했다. 제2차 세계대전이 끝난 후 일본이 낳은 가장 유명한 벤처 기업 소니는 이 때 최후의 빛을 발하고 있었다.

그러나 1998년에 미국 실리콘밸리에서는 구글로 대표되는 거대한 테크놀로지 기업이 디지털 시대의 시작을 알리는 탄생의 첫 울음을 터트렸다. 인터넷의 비약적인 진화와 더불어 이런 최신 디지털 기술과 소프트웨어를 보유한 기업이 마침내 가전 등 기존의 하드웨어 산업을 집어삼키려고 하고 있었던 것이다. 그 주인공들의 대부분이 일류대학에서 컴퓨터학과나 수학 등을 전공한, 디지털 테크놀로지에 정통한 프로그래머였던 것은 단순한 우연이 아니라고 본다.

그렇기 때문에 한국 네이버의 창업자인 이해진이나 그 오른팔로서 LINE을 탄생시킨 신중호가, 아시아에서도 손꼽히는 이공계 대학인 KAIST에서 컴퓨터과학이나 데이터 검색을 연구하던 인재라는 사실은 이런 IT 산업이 태두한 시기와 딱 일치한다. 디지털 테크놀로지를 깊이 이해하는 사람이 산업계에 군림하는 시대가 다가오고 있었던 것이다.

또 1997년부터 시작된 아시아 금융 위기 때문에 괴멸적인 피해를 입은 한국의 경제 상황에서도 네이버 같은 기업이 탄생했다. 결과적으로 이런 경제 위기가 재벌에게 집중되어 있었던 인재나 산업을 리셋해서 새로운 IT 산업을 성장시키는 원동력이 되었다고도 할 수 있다. 더욱이 2000년대에 들어오자 일본의 장기라고 일컬어졌던 가전이나 자동차 같은 제조업 분야에서도 한국 기업이 뒤를 바짝 쫓아오고 있었다.

일본은 과연 어땠을까? 아이러니하게도 너무나도 우수한 기업과 '메이드 인 재팬'의 브랜드를 낳아온 역사에 사로잡혀서, 닛케이신문을 비롯한 미디어조차 인터넷 산업이 일으키는 거대한 산업의 패러다임 시프트를 제대로 주시하지 못했던 것은 아닐까?

컴퓨터에서 모바일로 옮겨가는 거대한 전환에 대해서도 마찬가지다. 일본기업은 갈라파고스 신드롬 때문에 스마트폰으로 전환하지 못했다. 지리멸렬한 제조업체에 더해 소프트 쪽도 크게 뒤쳐졌다. 스마트폰 시대를 예견하고 있던 네이버가 LINE을 통해 시장을 선도하지 않았다면 페이스북이 그랬듯 외국계 기업이 일본을 석권했을 것이다. LINE이 일본 시장을 석권한 것은 우연이 아닌 것이다.

그러는 동안에 소니는 과거의 영광을 잃고, 샤프는 경영 위기에 빠져서 애플의 하청업체로 막대한 흑자를 보고 있던 대만의 홍하이 정밀공업에 인수되었다. 그리고 현재 최첨단 디지털 테크놀로지인 인공지능의 진화함에 따라 자동운전 등 새로운 경쟁에 시달리는 곳이 토요타를 대표로 하는 일본의 자동차 산업일 것이다.

감히 말하고 싶다. 일본인이 자랑하는 '메이드 인 재팬'에 대한 미련이 어쩌면 바다 너머에서 일어나고 있는 IT 산업의 다이내믹한 변천을 놓치는 리스크가 된 것이 아닐까? LINE이라는 기업이나 서비스에서 배워야할 점은, 일본이라는 나라만 지켜보고 있으면 결코 이해할 수 없다. 그것이 바로 LINE이 일본의 산업에게 보내고 있는 진정한 메시지일 것이다.

LINE의 주식 상장이라는 빅뉴스를 앞두고 우리는 그 점을 마음에 새겨야만 할 것이다. 세계의 조류를 '읽고도 무시'할 수 있는 여유가 현재의 일본에는 남아있지 않다.

⋯⋯ 후기

"이 특집기사를 책으로 내지 않겠습니까?"

올해 5월 하순에 〈주간 SPA!〉의 가나이즈미金泉俊輔 편집장으로부터 이런 권유를 받았습니다. 바탕이 된 것은 이 책의 집필자인 세 명이 경제 미디어인 NewsPicks에서 20일간에 걸쳐서 게재한 특집기획 《LINE 한일경영》(2016년 5월 1일~5월20일)이었습니다. 꼭 도전해보고 싶었습니다. 그렇게 결정하고 고작 3주 정도, 그야말로 전격적인 스케줄로 이 책은 완성되었습니다.

그러나 가나이즈미 편집장과 이 LINE의 책을 만들 수 있었던 것은 단순히 우연의 일치가 아니라고 생각합니다. 가나이즈미 편집장은 라이브도어를 시작으로 2000년대부터 일본의 IT 기업을 오랫동안 지켜봐온 '정점관측자'였습니다.

그리고 한국 네이버가 2011년 7월에 실시한, 일본 미디어 대상의 취재 투어에 참가하여 한국의 IT 산업을 현지에서 보고 온 사람이기도 합니다. 그 투어에는 이 취재반 중 한 사람인 모리카와 준도 참가했고, 거기서 지기지우를 얻었습니다. 때마침 그것은 LINE이 탄생한 직후의 타이밍이었습니다.

"라이브도어 사건 때문에 우수한 엔지니어들이 대량으로

해외 기업으로 넘어갔어. 이건 일본에 있어 커다란 손실
이었던 것이 아닐까?"

가나이즈미 편집장이 중얼거린 이 말이, 언젠가 LINE이라는 수
수께끼투성이의 기업을 파헤쳐보고 싶다는 동기 중 하나가 되었습니
다. 그리고 주간지 편집장이라는 업무를 맡고 있으면서도 이 책의 편
집까지 직접 담당해주신 것을 진심으로 감사드립니다.

한편 이 책의 토대가 된 연재를 기획할 때 수많은 LINE의 경영진
이나 사원, 관계자 여러분과 주야를 가리지 않고 인터뷰를 했습니다.
특히 LINE의 전략 부문을 담당하고 있는 마스다 준 씨는 다망하
기 짝이 없는 스케줄을 틈타서 LINE의 역사나 그 방향성에 대해서 들
을 시간을 내주셨습니다. 게다가 홍보실의 야시마 사토시 씨와 하
야시 구미코 씨도 24시간 체제로 취재를 담당해주셨습니다. 때로는
LINE측의 의도와는 다른 내용이 게재되어 부담을 드렸을 수도 있지
만, 이 분들의 협력 없이는 이 기획은 성립되지 않았습니다. 취재팀
일동 이 자리를 빌려 감사를 드립니다.

또한 LINE이나 모회사인 한국 네이버를 이해하기 위해서는, 해외
의 뉴스를 꼼꼼하게 조사하는 것을 빼놓을 수 없었습니다. 한국어 기
사 리서치와 번역을 담당해준 저널리스트 하종기 씨, 취재반의 멤버
로서 주로 구미를 중심으로 한 해외 미디어의 정보 수집을 담당해준

조던 크로우Jordan Krogh 씨, 두 분의 서포트에 감사드립니다.

우리가 소속된 경제 미디어 NewsPicks에 대해서도 여기서 간단히 소개드리습니다. 2013년에 태어난 이 새로운 경제 미디어는 일본 국내외의 경제 뉴스에 대해서 많은 전문가나 이용자들이 각자의 의견을 코멘트하고 공유할 수 있는 대단히 유니크한 매체입니다. 남색 바탕의 의 얼룩말이 트레이드마크로, 이미 약 145만 명의 이용자를 보유하고 있으며 스마트폰의 세계에서 크게 성장하고 있습니다.

우리 세 명은 경제 잡지 주간 다이아몬드에서 2016년 4월에 이 NewsPicks로 옮겨온 새로운 멤버입니다. 그럼에도 불구하고 통상적인 업무를 일시 중지하고 이 책을 집필할 기회를 주신 사사키 노리히코佐々木紀彦 편집장, 창업자인 우메다 유스케梅田優祐 대표, 심야에 교정 작업을 해준 간바라 마사시蒲原慎志 씨, 그리고 NewsPicks 편집부의 너그러움 덕분에 이 책은 완성될 수 있었습니다.

마지막으로 비상식적인 생활 사이클을 반복하는 우리들을 일부러 '방목'해서 취재를 지원해주고 있는 가족에게 고맙다는 말을 하고 싶습니다. 각 필자의 아내인 고토 후미, 이케다 미사 그리고 모리카와 쇼코의 세 명에게 깊이 감사하면서 이 책을 마치겠습니다.

한국 네이버와 LINE의 관련 연표			
		세계	
년	월·일	한국	일본
1998년	12월	김범수가 한게임커뮤니케이션을 창업	
1999년	6월	이해진이 네이버콤을 창업	
2000년	4월	네이버콤이 한게임 커뮤니케이션을 인수 합병.	
	9월		한게임 재팬 설립
	11월		한게임 재팬이 게임 포털 사이트 '한게임'의 제공 개시
2001년	4월		네이버 재팬 (제1기) 설립
	9월	네이버콤이 NHN으로 사명을 변경	
2002년	10월	NHN, 코스닥KOSDAQ에 상장	
2003년	5월		모리카와 아키라(전 LINE 사장)이 한게임 재팬 입사
	8월		한게임 재팬과 네이버 재팬(제1기)이 통합, 사명을 NHN JAPAN으로 변경.
2005년	8월		네이버 재팬(제1기)가 검색 사업을 종료, 철수
2006년	1월 16일		도쿄지검 특수부가 증권거래법 위반의 혐의로 라이브도어 본사를 강제 수사
	6월	NHN이 검색 엔진을 개발하는 한국 기업 '1noon첫눈'의 인수를 둘러싸고 미국의 구글과 경합, 최종적으로 NHN이 350억 원(약 35억 엔)에 인수	
	12월		한게임 재팬이 'Web of the Year 2006' 엔터테인먼트 부문에서 3년 연속 1위 수상
2007년	4월		중국 기업 아시아 미디어가 도쿄증권거래소 마더즈에 상장
			모리카와 아키라(전 LINE 사장)이 NHN JAPAN 사장으로 취임
			이데자와 다케시(현 LINE 사장)이 라이브도어 사장으로 취임

	9월		NHN JAPAN이 본사를 시나가와 구 오사키로 이전
	11월		NHN JAPAN이 자회사 네이버 재팬(제2기)을 설립. 검색 사업을 재개
2008년		NHN에서 첫눈 출신의 신중호가 일 마스다 준(현 LINE 이사)가 네이버 재팬에 입사, 사업전략실 실장으로 취임
	9월		중국 기업 아시아 미디어, 도쿄증권거래소 마더즈에서 상장 폐지
	11월	NHN, 한국증권거래소 상장	
	12월		한게임 커뮤니케이션이 매출 100억 엔을 돌파
2009년	5월	미국 왓츠앱사에서 메신저 앱 '왓츠앱'의 서비스를 개시	
	7월		네이버 재팬(제2기)이 검색 서비스 'NAVER' 개시
2010년	3월	한국 카카오사가 메신저 앱 '카카오톡'의 제공 개시	
	5월		NHN JAPAN이 라이브도어를 인수, 자회사화
			이데자와 다케시가 웹 서비스 본부 대표로 취임
2011년	1월	중국 텐센트에서 메신저 앱 '위챗'의 서비스 개시	
	2월 16일	NHN이 메신저 앱 'NAVER 토크'의 서비스 개시	
	3월 11일		동일본대지진 발생
	6월 23일		네이버 재팬에서 메신저 앱 'LINE'의 서비스 개시
	9월	미국 페이스북에서 '메신저'의 서비스를 개시	
	10월	미국 애플에서 iMessage'의 서비스 개시	
			LINE이 스티커 기능을 출시
	12월		LINE의 다운로드 건수가 누계 1,000만을 돌파

2012년	1월	NHN JAPAN이 자회사 네이버 재팬과 라이브도어를 경영 통합. 라이브도어의 법인격 소멸.
		LINE의 다운로드 건수가 누계 1,500만을 돌파
	2월	NHN JAPAN이 'NAVER 마토메' 서비스 개시
	3월	LINE의 다운로드 건수가 누계 2,000만을 돌파
	5월 18일	미국 페이스북이 미국 나스닥에 상장
	7월	LINE의 '플랫폼'화를 개시
	10월	NHN JAPAN이 본사를 도쿄 시부야의 히카리에로 이전
2013년	2월	NHN과 LINE이 자회사 LINE+를 한국에 공동 설립
	4월	NHN JAPAN이 웹 서비스 사업을 모체로 LINE으로 사명 변경. 사장은 한게임의 모리카와 아키라가 계승
		NHN JAPAN(현 LINE)이 한게임 사업을 분리하고, 신 NHN JAPAN(현 NHN 플레이아트)가 계승
		라이브도어가 기획, 개발을 리드한 LINE의 앱 'LINE 운세'의 제공 개시
	7월	LINE의 월간 이용자 수(MAU)가 1억 명을 돌파
	8월	NHN이 네이버 사업과 한게임 사업을 분할. 네이버 사업은 네이버사가 계승, 한게임 사업은 NHN 엔터테인먼트사가 계승. · NHN JAPAN(신)이 NHN 플레이아트로 사명 변경
		독일 텔레그램사가 메신저 앱 '텔레그램'의 서비스를 개시
	11월 25일	LINE이 다운로드 건수 3억 돌파 기념 이벤트를 개최

2014년	3월		사이버다인이 의결권 종류주식으로 도쿄증권거래소 마더즈에 상장
	4월		이데자와 다케시(현 LINE 사장)이 LINE의 COO로 취임
	8월	LINE+가 개발한 셀카 앱 'B612'의 서비스 개시	
	9월	네이버가 LINE 상장 연기를 발표	LINE이 LINE+(한국)을 100% 자회사화
	10월	미국 페이스북이 메신저 앱 '왓츠앱'을 제공하는 미국 왓츠앱사를 약 220억 달러에 인수	
	11월		라이브도어 블로그의 시스템을 사용하여 LINE이 'LINE 공식 블로그'(현 LINE BLOG) 제공 개시
2015년	3월		모리카와 아키라가 LINE 사장 CEO에서 퇴임
			LINE의 월간 이용자 수 가 2억 명을 돌파
	4월		이데자와 다케시가 LINE 사장 CEO로 취임
	8월		LINE이 2015년의 상장을 단념
	11월 4일		일본 우정 그룹 3개사가 도쿄증권거래소에 상장
2016년	1월		자금결제법 위반의 혐의로 간토재무국이 LINE에 현장 검사를 실시
	3월		LINE의 여름 상장 재도전이 화제가 되다
	5월 16일		간토재무국이 LINE 게임의 과금 아이템을 '통화'로 인정
	5월 31일		도쿄증권거래소의 상장 심사를 담당하는 일본거래소 자주규제법인이 임시 이사회를 개최, LINE의 상장을 내부적으로 승인
	6월 10일		LINE의 도쿄증권거래소 상장을 승인
	7월 14일	LINE 뉴욕증권거래소에 상장	
	7월 15일		LINE 도쿄증권거래소에 상장

####### **참고문헌**

- 서적

- 『어제를 버려라(진화하는 아이콘 김범수의 끝없는 도전)』, 다산북스, 2012년

- 『네이버 성공 신화의 비밀』, 임원기, 황금부엉이, 2007년

- 『ヤバいLINE 日本人が知らない不都合な真実』, 慎武宏, 河鐘基, 光文社新書, 2015년

- 『심플을 생각한다』, 모리카와 아키라 저, 다산북스, 2015년

- 『ヒルズ黙示録 検証・ライブドア』, 大鹿靖明, 朝日新聞社 2006년

- 신문, 잡지

- 「企業研究LINE スマホで'リアル革命'」, 井上理, 日経BP社, 日経ビジネス, 2014년 11월 24일호

- 「LINE大爆発」, 高橋志津子, 東洋経済新報社, 週刊東洋経済eビジネス新書No.25, 2013년 9월

- 「LINEの四角」, 長谷川愛, 福田恵介, 東洋経済新報社, 週刊東洋経済eビジネス新書No.67, 2014년 7월

- 「暴走するLINEの落とし穴」, 週刊エコノミスト, 2013년 10월 15일호

- 「急成長する'LINE'の実像」, 福田崇男, 日経パソコン, 2013년 5월 13일호

- 「LINE、創業者立ちの煩悶、3億人を魅惑したアプリの原点」, 本田靖明, 金城珠代, AERA, 2013년 12월 13일호

- 「フロントランナー 狙うのは世界的ホームラン LINE株式会社執行役員 舛田淳さん」, 朝日新聞, 2013년 4월 6일 조간 1면

- 「韓国3大企業 サムスン、現代自動車、ポスコ失速！」, 浅島亮子, 池田光史, 後藤直義, 週刊ダイヤモンド 2014년 8월 30일호

- 「使える！数学」, 森川潤, 小栗正嗣, 後藤直義, 大矢博之, 週刊ダイヤモンド, 2016년 1월 23일호

- 「短答直入 LINE社長 出澤剛 モバイル決済事業を軸に収益源の多様化に挑む」, 後藤直義, 週刊ダイヤモンド 2015년 4월 11일호

- 「日本勢が韓国企業に急接近 日韓ITコラボレーションの最前線を報告」, 日経コンピュータ, 2001년 5월 7일호

- 「離陸するスマホ経済圏、コンテンツで世界狙う」, 日本経済新聞電子版ニュース, 2012년 1월 15일

- 「スマホで拓く世界市場 和製'LINE'ヒットの内側」, 日本経済新聞電子版ニュース, 2012년 2월 13일

- 「日本発の無料通話アプリ'LINE'、世界を席巻」, 朝日新聞, 2012년 5월 9일 석간

- 「'LINE'は日本製？韓国製？」, 日本経済新聞電子版セクション, 2013년 1월 23일

- 「世界4500万の和製アプリ'LINE'、課金サービスへ急進」, 日本経済新聞電子版, 2012년 7월 3일

- 「LINE、世界一へ勝負、東証に上場申請、時価総額1兆円、北米市場で囲い込み」, 日本経済新聞, 2014년 7월 16일

- 「태국에서 LINE 인기… 스마트폰 사용자의 80%가 이용」, 중앙일보 전자판, 2016년 5월 5일

- 「'일본 대지진 때 가족 찾는 이재민 보며 위치 확인 SNS 개발'…급성장하는 '네이버 라인'」, 중앙일보 전자판, 2012년 3월 16일

- 「카톡 '사업모델, NHN이 다 따라해…' 분통」, 중앙일보, 2013년 2월 8일

- 「LINE、7月に東証上場へ 時価総額6000億円」, 日本経済新聞電子版, 2016년 6월 1일
- 「新規上場申請のための有価証券報告書」, LINE社資料, 2016년 6월 10일
- 「米シリコンバレーに挑むアジアのLINEと微信」, ザ・ウォール・ストリート・ジャーナル, 2013년 10월 10일
- 「Q&A : LINE Plus CEO Looks Back on Challenges」, ザ・ウォール・ストリート・ジャーナル, 2013년 9월 10일
- 「フェイスブックに2兆円で買われた男 波乱の半生」, フォーブス, 2014년 2월 21일
- 「Tencent backs down in mobile payments war with Alibaba」, Financial Times, 2016년 5월 2일
- 「Kim Beom-su, Kakao: Life of Brian」, Financial Times, 2015년 12월 27일

- 온라인 미디어, 웹사이트 등
- 「mogi 일러스트레이터」 강병목 공식블로그
- 「森川亮 オフィシャルブログ」 모리카와 아키라 공식 블로그
- 「LINE 신화의 주역, 제2의 신중호 발굴」, 한국경제, 2016년 4월 10일
- 「Line Music Snags Company on Way to Global IPO」, BusinessKorea, 2015년 8월 27일
- 「검색엔진 전문 '첫눈' 장병규 대표 한국의 구글을 선보이다」, 마이데일리, 2005년 7월 9일
- 「NHN 검색서비스 '첫눈' 日 도전」, 파이낸셜뉴스, 2008년 1월 30일
- 「IT · 벤처 성공 뒤엔 검색엔진 있다」, 서울경제, 2014년 6월 1일

- 「네이버, AI・스마트카 등 신사업 가속도…'한국의 구글'로 성장」, 대일리한국, 2016년 5월 20일

- 「라인의 해외 성공 비결…이해진 의장의 '백지 철학'」, 머니투데이, 2016년 5월 14일

- 「LINE流「すまほ最適化」の本質」, NewsPicks, 2016년 4월 4일

- 「'LINEのこと初めてちゃんとはなします' 爆発的ヒットアプリ誕生を後押ししたのは、未曾有の大震災だった」, ファミ通App, 2012년 3월 16일

- 「NHN Japn 森川社長に聞く、LINEの'これまで'と'これから'」, ITpro, 2012년 9월 7일

- 「김범수 "모바일은 패러다임의 신세계다"」, 시사저널, 2010년 12월 13일

·····NewsPicks 취재반

◎ 고토 나오요시後藤直義

1981년 도쿄 출생. 아오야마 가쿠인 대학 문학부 졸업. 마이니치 신문사를 거쳐 주간 다이아몬드에서 세계의 첨단산업을 취재. 애플이 일본의 전기업계를 흡수하는 양상을 묘사한『애플 제국의 정체 アップル帝国の正体』(문예춘추, 2013년 공저)를 집필. 2016년 4월에 NewsPicks 편집부에 입사하여 기업보도팀을 신설.

◎ 이케다 미쓰후미池田光史

1983년 가고시마 출생. 도쿄대학 경제학부 졸업. 주간 다이아몬드에서 주로 거시경제나 증권, 금융, 자동차업계를 담당. 리먼 쇼크 전후의 금융시장이나 양적, 질적 완화 시대의 일본은행을 속속들이 파헤친 리포트를 집필. 주요 특집기사로는「도요타 VS 폭스바겐トヨタVSフォルクスヴワーゲン」(주간 다이아몬드, 2015년) 등. 2016년 4월부터 현직.

◎ 모리카와 준森川潤

1981년 미국 출생. 교토대학 문학부 졸업. 산케이신문 경제본부를 거쳐 주간 다이아몬드 기자가 되었다. 에너지 담당으로서 도쿄전력의 내부사정을 폭로한「도쿄전력 부활東電復活」(2013년)을 집필. 그

외 대표작으로는 『누가 음악을 죽였나誰が音楽を殺したか』(전자서적, 2013년), 『애플 제국의 정체アップル帝国の正体』(문예춘추, 2013년 공저) 등. 2016년 4월부터 현직.

NewsPicks 취재반

2013년 9월 "더 자유로운 경제지를"이라는 콘셉트로, 경제 정보를 전문으로 다루는 뉴스 공유 서비스로 탄생한 NewsPicks. 현재까지 약 145만 명의 이용자를 보유하고, 스마트폰의 앱을 중심으로 뉴스에 대한 전문가나 업계인들의 코멘트를 읽을 수 있다. 2016년 4월에 기업이나 산업에 초점을 맞춘 오리지널 콘텐츠를 제작하는 조사보도팀을 신설. 이 책의 집필자인 고토 나오요시, 이케다 미쓰후미, 모리카와 준의 세 명이 창설 멤버로서 독자적인 테마의 취재집필 활동을 전개하고 있다.

한류경영 - LINE

초판 1쇄 인쇄 2017년 4월 20일
초판 1쇄 발행 2017년 4월 25일

저자 : NewsPicks 취재반
번역 : 서은정

펴낸이 : 이동섭
편집 : 이민규, 오세찬, 서찬웅
디자인 : 조세연, 백승주
영업 · 마케팅 : 송정환,
e-BOOK : 홍인표, 안진우, 김영빈
관리 : 이윤미

㈜에이케이커뮤니케이션즈
등록 1996년 7월 9일(제302-1996-00026호)
주소 : 04002 서울 마포구 동교로 17안길 28, 2층
TEL : 02-702-7963~5 FAX : 02-702-7988
http://www.amusementkorea.co.kr

ISBN 979-11-274-0509-0 (03320)

한국어판ⓒ에이케이커뮤니케이션즈

Original Japanese title: HANRYU KEIEI LINE
Copyright ©NewsPicks, Inc. 2016.
Original Japanese edition published by Fusosha Publishing, Inc.
Korean translation rights arranged with Fusosha Publishing, Inc.
through The English Agency (Japan) Ltd.

이 도서의 국립중앙도서관 출판예정도서목록(CIP)은
서지정보유통지원시스템 홈페이지(http://seoji.nl.go.kr)와
국가자료공동목록시스템(http://www.nl.go.kr/kolisnet)에서 이용하실 수 있습니다.
(CIP제어번호: CIP2017007609)

*잘못된 책은 구입한 곳에서 무료로 바꿔드립니다.